叢書・ウニベルシタス　997

導きとしてのユダヤ哲学

ローゼンツヴァイク、ブーバー、レヴィナス、
ウィトゲンシュタイン

ヒラリー・パトナム
佐藤貴史 訳

法政大学出版局

Hilary PUTNAM
JEWISH PHILOSOPHY AS A GUIDE TO LIFE :
Rosenzweig, Buber, Levinas, Wittgenstein

Japanese translation published
by arrangement with Indiana University Press
through The English Agency (Japan) Ltd.

目次

凡例

一、原文の《 》は訳文では「 」とした。
一、原文のイタリック体は、訳文では傍点を付した。
一、原文中の著者による補足［ ］は、訳文中でも［ ］を使用した。
一、訳文中の〔 〕は、訳者による補足である。
一、原文で大文字になっている語は、しばしば〈 〉で強調した。
一、引用に際しては、かなりの部分、既訳を使わせていただいたが、文脈に合わせて部分的に修正したところもある。記して謝意を表したい。

感謝と愛情をこめて、
ベン＝ジオン・ゴールドに

緒　言

本書におさめられたエッセイは、一九九九年にインディアナ大学でのユダヤ教研究に関するヘレン・シュワルツならびにマルティン・シュワルツ講義に招待されたことから生まれたものである。私は十二月一日と二日に「生き方としてのユダヤ哲学」という総タイトルのもとで二つの講義を行った。これらの講義は、本書の第一章と第四章の旧ヴァージョンにあたる。旧ヴァージョンはハーヴァード大学出版会とケンブリッジ大学出版会から出版された本に含まれており、私はこれら旧ヴァージョン（あるいは、第一章の場合は多くの段落）を本書におさめることを許可してくれた出版会に感謝したい。第一章は、もともとローゼンツヴァイクの『健康な悟性と病的な悟性』（*Understanding the Sick and the Healthy*）［『健康な人間悟性と病的な人間悟性に関する小著』（*Das Büchlein vom Gesunden und Kranken Menschenverstand*）］に関するエッセイであったが、ウィトゲンシュタインとローゼンツヴァイクを論じたエッセイにした。第二章はローゼンツヴァイクの偉大な書物

『救済の星』についての新しいエッセイであり、また第三章はマルティン・ブーバーのもっともよく知られた書物『我と汝』に関するエッセイである。全体の計画は私がハーヴァード大学で一九九七年に教え、一九九九年にふたたび行ったユダヤ哲学に関するコースが基となっている。序論では、私の思考にこの講義がもたらしたインパクトについて描かれている。そこで私の思考が形成された講義と同じように、本書は「専門家」のための書物ではなく、これら偉大なユダヤ人思想家たちがなにを語り、なぜ私が彼らに大きく心を動かされたかを、一般読者にたいして明らかにしようとする試みである。

たくさんの人々と議論することで、そこから大いに得るものがあった。注を見ればわかるように、とくに二人のすばらしい研究者ポール・フランクスとアブラハム・ストーンには多くを負っている。彼らがわが大学院生であったことを大変幸運に感じたし、引き続き私は彼らの著作から学んできたのである。

導きとしてのユダヤ哲学

ローゼンツヴァイク、ブーバー、レヴィナス、ウィトゲンシュタイン

序論（自伝風に）

諸宗教は共同的なものであり、長い歴史をもっている。しかし、宗教は個人的な事柄でもあり、そうでなければ取るに足らないものである。さて、どうして私が個人的な表現を用いて本書を書くにいたったかを説明しよう。

カリフォルニア大学ロサンゼルス校で大学院生として過ごしていたころ、私にもっとも大きな影響を与えた教師がハンス・ライヒェンバッハであり、彼と同様に、私の関心は科学方法論、科学認識論、そして物理哲学に集中していた。博士号を取得したのち、私の関心はいくらか広がりはじめた。とはいえ、私の最初のわずかな出版物は（同様に関わっていた領域である純粋数理論理学をのぞけば）、もっぱら科学哲学に注がれていた。[1] ところで五五年の歳月が流れたのち、どうして私は

（1） 私の最初の哲学的出版物である“Synonymy and the Analysis of Belief Sentences”は、論理形式が意味

三人の宗教的な哲学者（おそらく二十世紀におけるもっとも偉大なユダヤ人哲学者たち）マルティン・ブーバー、フランツ・ローゼンツヴァイク、そしてエマニュエル・レヴィナスについて書くことになったのか。

「ミンヤン」（“MYNYAN”）に加わること

話は一九七五年にまでさかのぼる。当時、私の哲学的関心はかなり広がっていたが、それ以前にはそこに宗教あるいはユダヤ教はまだ含まれていなかった。しかし、一九七五年、それは私の二人の息子のうち、長男がバル・ミツヴァーの儀式を行いたいと宣言した年であったのだ！　ベトナム戦争に反対する活動をしていたころ、私は「ミンヤン」（ユダヤ教の集会）にこれまで一度も連なったことはなかったけれども、ハーヴァード・ヒレル財団でベトナム戦争ならびにその戦争に反対する理由について、エレヴ・シャバット講話（金曜日の夕方の講話）をしたことがある。そして、その講話のために私を招き、そのあとに行われた議論に参加してくれたラビにたいして、私は大変力強く好意的な印象を抱いた。ラビのベン゠ジオン・ゴールドは、そのころハーヴァード・ヒレル財団の理事長であるに加えて、ユダヤ教のシャバットの礼拝集会の一つを創設し、その集会の精神的な助言者でもあった。私の記憶では当時、全部で三つのヒレルの集会があった（今日ではもっと増えている）。すなわち、正統派の集会、改革派の集会、そしてラビ・ゴールドが数十年前に創設し、簡潔に「礼拝と学習」（それは保守派の運動の祈禱書を用いている）と名づけ、今日でもそう呼ばれ続けている集会である。だから私の息子がバル・ミツヴァーを行うための場所を見つけなければならなかったとき、私にはラビ・ゴールドのもとを訪れ、サミュエルが礼拝と学習の集会で儀式をもてる可能性について、ラビに相談するのは当然だと感じられた。私たちは、一年間、妻と私がサミュエルと一緒に礼拝に通うこと、そして息子が儀式の準備のためにユダヤ人学生（たまたま私が知り合いだった哲学専攻の学生）と学習することに同意していた。その年が終わりを迎えるかなり前に、ユダヤ教の礼拝と祈りはわれわれの生活の本質的な部分になっていたし、ラビ・ゴールドは今でもわれわれの教師にして友人であり続けている。

　成人ユダヤ人にとって、自分の子どもの一人がバル・ミツヴァーあるいはバット・ミツヴァーを行うときに、礼拝へ出席しはじめることは別に珍しいことではない。しかし、私は哲学者でもある。私が一員であることを誓った宗教活動を、私は哲学的にどのように理解したのか――理解できたのか。

「祈ること」vs 超越への黙想

ちょっとわき道にそれることを許してほしい。この話にはもう一つ、次のような側面がある。当

となる寄与の問題に向けられていた。次の三つがその主題であった。順番に帰納論理学、数学哲学、そして量子力学の論理学である。

時、多くの人々が一日に二〇分ほど、超越への黙想（Transcendental Meditation）と呼ばれる讃美歌のようなものを歌っていた。私には、多くの人々がその歌を大変ためになるものと感じていたのはわかったが、私のなかでなにか反発するものが（おそらく腑に落ちない仕方で）あった。私は思った、おや、二〇分あれば、私は祈ること（伝統的なユダヤ教の祈りを口にすること）ができると。なぜ私はなにか他の宗教に由来することをしなければならないのか。こうして今でもしているように、私は毎朝（あるいは朝に時間を見つけられなかったなら午後に）祈ることをはじめた。私は「祈ること」が自分の魂に向かって、あるいは自分の魂のなかでもたらすものは超越への黙想がもたらすものとまったく異なっているにちがいないと理解している。いずれにせよ、私は祈ることは変化させる力をそなえた活動であると思い、それは今しがた私が述べた「宗教的活動」の不可欠な部分になったのである。

私の生における哲学と宗教の緊張

さて、私がその一員であることを誓った宗教的活動を、私が哲学的にどのように理解したのかという問題に戻ろう。この問題には最終的な答えはない。なぜなら私が今でも格闘している問題であり、生きている限りきっと格闘する問題なのだから。しかし、私の『哲学の再生』[2]の一頁目にある次の言葉がその格闘における一つの節目を示している。

一人の実践的なユダヤ教徒として、私は生の宗教的次元がますます大切なものになった人間である。間接的な仕方でなければ、それについて哲学する仕方を知っている次元ではなかったけれども。それに科学研究が私の生に大きく立ちはだかっていた。事実、一九五〇年代初頭にさかのぼるが、はじめて哲学を教えはじめたとき、私は自分を科学哲学者であり数理論理学者だと考えていた（「科学哲学」という表現を寛大に解釈するとき、そこに私は言語哲学と精神哲学を含めるが）。そのころから私の著作を知っている人々は、どうやって私が、ある程度それ以前からあった自分の宗教的性質と、当時抱いていた全般的な科学的・唯物論的世界観とを和解させたのかと驚くかもしれない。私はそれらを和解させてはいなかった、というのが答えである。私は筋金入りの無神論者だったし、また信仰者であった。私は、単に私自身のなかにあるその二つの部分を別々にしていただけなのである。

（2） *Renewing Philosophy*（Cambridge, Mass.: Harvard University Press, 1992）には、一九九〇年にセント・アンドリューズ大学で行われた私のギフォード・レクチャーが含まれている。『哲学の再生』を書いたころ、私の「科学的唯物論」はよりヒューマニスティックな哲学的見解に席を譲っていたにもかかわらず（その書物のなかでの私のヒーローはウィトゲンシュタインとデューイだった）、『哲学の再生』では、一人の哲学者として、自分の人生の宗教的側面にどのように納得したかという問いに直接関わろうとはしなかった。その本のなかで右記の問いについて「間接的な仕方で哲学した」とすれば、それはウィトゲンシュタインの「宗教的信念についての講義」(3)をめぐる二つの章を通してであった。そこで私は、ウィトゲンシュタインの宗教言語の見方に共感しながら詳しい解釈をした。すでに説明したように、その講義の解釈者が取り組まなければならない一つの難問がある。(4)

もしウィトゲンシュタインが宗教言語に関する標準的な事柄の一つ——たとえば、それは誤った前科学的理論を表現しているとか、それは認識に基づくものではないとか、あるいはそれは感情に訴えるものであるとか、「日常の記述的言語とは」通約不可能であるとか——を語っているのでないとしたら「そして私は彼がそうしたのではないとすでに論じた」いったい、彼はなにを語っているのか、そしてどうしたら彼がそういった標準的代案のすべてを回避することができるのか。さらにもっと大切なのは、いかにして彼は、宗教的ではない人々も含めて(ウィトゲンシュタインにとっては一つの可能性であったにもかかわらず、私は彼自身がみずから話題にしたキリスト教信仰の回復にこれまで成功したとは思わない)、われわれが宗教言語について考えることができると思っているのか。ウィトゲンシュタインは、人間生活にとってつねにきわめて重要であり、きわめて困難であり、そしてときに争いの種となる部分を省察するために、どのようなモデルをわれわれに提示しているのか。

私がこれまで提示してきた解釈によれば、ウィトゲンシュタインは結局のところ、単一の「モデル」を提示することはなかった。むしろ彼は自分の学生たちに次のことを理解させようとした。すなわち、宗教的人間（*homo religiosus*）にとって、どうして彼あるいは彼女が使う語の意味は公的言語における基準によって汲み尽くされるのではなくて、個々の宗教的個人がそうあろうと選択した人格や、そうした個々人の生の基礎をなすイメージと深く織り合わされているのかを。

ウィトゲンシュタインは「私は宗教的人間ではありません。でも、私はあらゆる問題を宗教的観点から見ざるをえないのです[5]」と書いた。反宗教的な人々の側と宗教的な人々の側の双方に存する、なにが宗教的であるかについての単純化する考えと闘うこと、そして、彼があらゆる宗教に共通していると考えた精神的価値をわれわれに理解させようとすること（と私には思われる）、これがウィトゲンシュタインにとっての問題であった。しかし、彼は私が抱えた問題に直面することはなか

（3） Ludwig Wittgenstein, *Lectures and Conversations on Aethetics, Psychology and Religious Belief; Compiled from Notes Taken by Yorick Smythies, Rush Rhees and James Taylor*, edited by Cyril Barrett (Oxford : Basil Blackwell, 1966), 53-72.

（4） Ibid., 148.

（5） *Ludwig Wittgenstein : Personal Recollections*, edited by Rush Rhees（Oxford : Oxford University Press, 1991), 94 を参照されたい。

った。その問題とは、私が行った宗教的コミットメントをよく考えてみることである。『哲学の再生』は、この問題に取りかかるのを延期し続けていた。私は「私自身のうちに」二つの異なる「部分」、つまり宗教的部分と純粋に哲学的な部分がありうることを受け入れるに至ったのだが、それらを真に和解させることはなかったのである。私がまだ和解させずにいると感じる人もいるかもしれない──最近、古い友人と交わした会話のなかで、私は今の自分の宗教的立場を「『共通の信条』におけるジョン・デューイとマルティン・ブーバーのあいだにあるどこか」と説明した。私は今でも宗教的人間であり、また今でも自然主義的哲学者である（ところで、この小著で私が描いている三人の哲学者は自然主義的哲学者ではない）。自然主義的哲学者ではあるが、私は還元主義者ではない。たしかに物理学は運動のなかにある物質の性質を描くが、還元主義的な自然主義者は、道徳的に重要な人間活動のレベル、そして私が幻想だと考えるすべてを物理学のレベルに還元できるという理念も含めて、世界が多くの形式レベルをもっていることを忘れている。また古典的なプラグマティストのように、私は現実性〔実在性〕を道徳に無関係なものとは見ない。すなわち、デューイが言っているが、現実性〔実在性〕はわれわれに要求してくる。価値は人間や人間の文化によって創造されるかもしれないが、私は、価値はわれわれが創造するわけではない要求への応答のなかで作り上げられたものと理解する。われわれの応答が適切なのか、あるいは不適切なのかどうかを決定するのは現実性〔実在性〕である。同様に、私の友人であるゴードン・カウフマンが「役に立つ神」は人間の構築物であると語っているのは正しいかもしれない。しかし、彼はわれわれが創造するわけではない要求への応答のなかで、われわれの神のイメージが構築されていること、そしてわれわれの応答が適切か不適切であるかどうかは、われわれの及ぶところではないことにきっと同意するだろう。(6)

ユダヤ哲学を教えること

まったく自分でも予想しなかったし、おそらく他のほとんどの人にとって「正しい」仕方ではなかったかもしれないが、こういった私自身のうちにある側面を和解させる助けとなったのは、ユダヤ哲学という科目を開講しようとした一九九七年の私の決断であった。この科目には本書が扱っている三人のユダヤ人哲学者（もしくは、われわれがウィトゲンシュタインを四分の一人とみなすならば、三と四分の一人のユダヤ人哲学者！）が含まれていた。彼らにはたしかに意見の一致しない点があるが、彼らが共有していると感じられるのは、ウィトゲンシュタインの「宗教的信念についての講義」のうちに私が見たもの、すなわち、宗教的人間にとって神について理論的に分析すること（*theorizing*）は、言わば的外れだとする理念と関係していた。ブーバーは『我と汝』で、（たしかに簡単ではないけれども！）このことを深くこう表現している（p. 159）。

（6） Gordon Kaufman, *In the Face of Mystery : A Constructive Theology* (Cambridge, Mass. : Harvard University Press, 1993).

人間は受け取る。そして、彼は一つの「内容」ではなくて、一つの現在を、力としての一つの現在を受け取るのだ。この現在にして力であるものは、三つの要素を含んでいる。いや、それは分かたれているものではないのだが、三つに分けて考えることが許されているのである。第一に、真の相互性のまったき充実、受け入れられ、結びつけられているということのまったき充実である。もちろん、この場合、そのとき結びつけられた相手の様態を言い示すことはけっしてできないし、そうして結びつけられることによってわれわれの生がけっして軽やかにされるわけでもない——それは生をより重く、しかし意味によって重くするのである。そして、第二は、生の意味が言いあらわしがたく確証されるということである。意味は保証されるのだ。何ものも、もはや何ものも無意味ではありえない。生の意味に関する問いはそこにはもはや存在しないのだ。いや、その問いがまだそこにあるとしても、それは答えを要求しないだろう。きみはその意味を明示したり、規定する方法を知らず、そしてきみにはその意味をあらわす定式もイメージもない。だが、それはきみの感覚がとらえるもろもろのことにまして、きみにとって確実なのだ。それにしても、啓示されながら隠されていることは、われわれになにを求め、われわれになにを要請しているのだろうか。この意味は解されること——それはわれわれのできることではない——ではなく、ただ為されることを欲しているのである。第三は、それは「別の生」の意味ではなくて、このわれわれの生の意味であるということ、「彼方の世界」の意味ではなくて、このわれわれの世界の意味であるということだ。そして、この意味はこの生においてこの世界との関わりにおいてわれわれによって確証されることを欲しているのである。この意味は受け取られるが、経験されることはない。それは経験されはしないが、為されることはできる。この意味はわれわれがそれを為すことをわれわれに求めているのだ。その意味保証はわれわれのうちで黙ったままではなくて、私によって世界へと生み出されることを欲しているのである。だが、その意味それ自体が言いかえがきかず、また普遍的に妥当し一般的に認容される知識として表現されえないように、その確証も妥当する当為としては口伝されえないのだ。それは規定されないし、それは万人の頭上に掲げられうるような立札に書き記されてはいない。われわれが受け取る意味はいかなる人間もそれをただ彼の存在の唯一性によって、そして彼の生の唯一性のなかでしか実証できないのである〔マルティン・ブーバー「我と汝」、『ブーバー著作集1』みすず書房、一九六七年、一四七―一四八頁〕。

くり返そう。われわれの「三人のユダヤ人哲学者たち」は完全に一致することはきっとないし、この三人のうちだれも数語で要約できる者もいない。この序論は、宗教的ではあるが「存在神論」には反対する一人の人間が、どれほど彼らが助けになると感じたかを示すための単なる道筋にすぎない。とはいえ宗教（そしておそらくはとくにユダヤ教の伝統）に愛着を感じるが、その愛着のせいでわれわれが近代性に背を向けてしまうことをよいとは思わないどんな人々も、模範的な人間にして同時に思想家であった三人の著述家がわれわれの苦境にともなう対立を解決していったさまざまな道筋のうちに、精神的なインスピレーションを見出すことができると思う。

最後に、最近ある友人が私に、この本は「一般の人々向け」かどうかと尋ねた。本書は一般読者、とくにその思想家の一人あるいは数人について夢中になって読む一般読者が、彼らの著作のなかにある奇妙な概念や用語を理解し、それを読むときによく起こる間違いを避けることを手助けしようとする試みである、というのが答えである。このような意味で「一般読者向け」ということが強調されている。しかし、ブーバー、ローゼンツヴァイク、そしてレヴィナスのような人物の本は難解な書物であり、その難解さを解説するためには難解な事柄に関わらなければならない。こうしてより適切な応答は次のようなものになるだろう。本書は、難解な——精神的に困難な——思想と格闘する気を起こし、そのことを厭わない一般読者のための本である。

1　ローゼンツヴァイクとウィトゲンシュタイン

一九九七年、長らく行方不明になっていたウィトゲンシュタインの日記帳が『思考の運動』というタイトルで出版された。[1] ウィトゲンシュタインは一九三〇年から三二年までのあいだケンブリッジ

(1) Fischer Taschenbuch として一九九九年に出版されたものに付された序文から次のことがわかる。この日記帳は長いあいだ行方不明になっていたと考えられていた。実際のところはこうである。日記帳はグムンデンに住んでいたウィトゲンシュタインの姉マルガレーテ・ストンボローの所有物であったが、ウィトゲンシュタインの死にさいして、彼女はそれを形見（*Erringerungsstücke*）としてルドルフ・コーダー（一九二三年から彼の死に至るまでウィトゲンシュタインの友人であり、彼と音楽の趣味を共有していた）とコーダーの姉妹エリザベスに渡した。一九九三年、コーダーの子息ヨハネス・コーダー教授（ウィーン大学におけるビザンチン・近代ギリシア研究所の指導者）はインスブルック大学のブレンナー・アルヒーフに連絡した。*Denkbewegungen ; Tagebücher 1930–1932, 1936, 1937* は最初、一九九七年

で、そしてふたたび一九三六年から三七年までノルウェーのスキョルデンでこの日記をつけていた。日記帳の最初の考察には次のように書かれてある（翻訳は私による）。「いくばくかの勇気なしには、自分自身に関するまともな考察を書くことはできない」。二番目の考察はちょうど三つの語からなっている。「私はときに信じる」（19）〔ルートヴィッヒ・ウィトゲンシュタイン『哲学宗教日記』、イルゼ・ソマヴィラ編、鬼界彰夫訳、講談社、二〇〇五年、二二頁〕。

ルートヴィヒ・ウィトゲンシュタインは、ユダヤ人の家系に生まれたにもかかわらず「ユダヤ的哲学者」ではない。[2] 結局のところ、彼は二世代のあいだキリスト教を信仰していた家庭の出身であり、また彼自身による宗教的省察は、宗教哲学について考えている人々にとっては確実に価値があるけれども、およそユダヤ教という宗教に関するものではないし、[3] ユダヤ教という宗教について彼がなんらかの実質的な知識をもっていたと考える根拠もない。それにもかかわらず、私は哲学にたいするウィトゲンシュタインの態度と二十世紀においてもっとも有名なユダヤ人哲学者の一人であるフランツ・ローゼンツヴァイクの態度のうちに見出される、ある類似性を議論してみたい。[4]

ウィトゲンシュタインは、たびたび哲学の「暴露者」、「反哲学者」と事実上みなされてきている。反哲学者の使命は、専門的な哲学者たちにとって主要な関心となっている諸問題を混乱したものとみなし、それを暴露することであった。そして事実、『哲学探究』の§四六四で、彼自身が次のような方法で彼の後期の哲学の目的を描いた。すなわち「あなたを判然としないナンセンスであるものから判然としたナンセンスであるものへと導き」、こうしてわれわれを魅了した「判然としないナンセンス」――堂々とした哲学的「立場」――は実際に最初から明白なナンセンスであったことを示すことである〔『ウィトゲンシュタイン全集8　哲学探究』藤本隆志訳、大修館書店、二六六頁〕。ピーター・ゴードンが、私が大胆にもウィトゲンシュタインとローゼンツヴァイクを比較したために、(それでもなお私が称賛する本のなかで) 私を批判したのはこのような理由のためである。ゴードンにと

に Heymon-Verlag, Innsbruck から、それから一九九九年に Fischer Taschenbuch Verlag, Frankfurt am Main によって出版された。

(2)「ユダヤ的な精神性」(ウィトゲンシュタインが若いころに、ウィーンで激しく議論した主題) にたいするウィトゲンシュタインの複雑な態度をもっとも信頼できる仕方で説明しているのは、次の論文である。Yuval Lurie, "Jews as a Metaphysical Species," *Philosophy* 64 (1989): 323-347.

(3) 例外はドゥルーリーによって報告された次の主張である。それによると、ウィトゲンシュタインはなにをするかが最終的に重要であるような「絶対的にヘブライ的な感覚」をもっていたという。Maurice O'Connor Drury, "Conversations with Wittgenstein," in *Recollections of Wittgenstein*, edited by Rush Rhees (Oxford: Oxford University Press, 1984), 161.

(4) 事実、ウィトゲンシュタイン (一八八九年生まれ) とローゼンツヴァイク (一八八六年生まれ) はほとんど同年齢であった。またローゼンツヴァイクはドイツのカッセルで、ウィトゲンシュタインはウィーンで育ったにもかかわらず、彼らはきわめて類似した純粋な動機と、描くのが困難だと感じる注目すべき才能を示している――「強烈な誠実さ」、あるいは「誠実な強烈さ」というのが、もっとも近い表現だろうか。

ってウィトゲンシュタインは、「哲学が一つの病気であり、われわれはそこから単に一つの治療《セラピー》を要求できるだけであって、その治療というのは、われわれが自分たちの日々の非哲学的な出来事についてで話そうとするときに一般的にわれわれにたいして働きかけてくるありふれた意味を思い出させてくれるのだ」ということを論じようとした一人の哲学者にすぎないのである。(5) 言うまでもなく、もしこれこそがウィトゲンシュタインの鋭い説明だと私が思ったならば、私は自分が行っている比較をけっしてしなかっただろうし、この説明を本書でもくり返すだろう。

事実、ウィトゲンシュタインの主要な関心事は哲学部のなかで議論されるものだと考えたなら、これは誤った仕方で彼を見ることになる。(6) しかし、ナンセンスに魅了され、また現実性に――あるいは、ローゼンツヴァイクが言うように、〈人間〉、〈世界〉、〈神〉に――強いて不適切な画像のレンズを通してみずからを見ることを余儀なくさせるような傾向は、専門的哲学の独占物でもないし、その創造物でもない。ウィトゲンシュタインの関心を引いたものは、言語でもってわれわれの生活のうちに深く横たわっていると彼が考えたなにかであった（そして彼は人が一度に完全に病気から「治癒され」うるとは確かに考えなかったし、また「われわれが自分たちの日々の非哲学的な出来事について話そうとするときに一般的にわれわれにたいして働きかけてくるありふれた意味を」単に思い出させられることによって治癒されうるともきっと考えなかった）。(7) もし本当にウィトゲンシュタインを理解するならば、不適切な概念的写像の支配を逃れるための必要性とその価値が文字通りあらゆるところにあることがわかるだろう。ウィトゲンシュタインの著作が模範的に例証しようとした明晰さの追及は、われわれが真剣な省察に関わるときにはいつでも行い続ける必要がある。もしこのような理念が把握されるならば、われわれはそれが、哲学を終わらせる方法どころか、われわれが哲学的なものとは少しも思わない領域へと哲学的省察を移動させる方法を示しているのだと考えるだろう。

さらに――そして、これがウィトゲンシュタインを理解するさいもっとも重要だと私には思われる――ウィトゲンシュタインは、宗教は本質的に概念的混乱あるいは混乱の寄せ集めであるという安易な考えを一度も受け入れなかった。たしかに宗教的な人々が陥っている混乱があり、それは迷信からはじまって、ウィトゲンシュタインが『遺稿』のなかで一度ならずと注目している誘惑、す

（5） Peter Eli Gordon, *Rosenzweig and Heidegger : Between Judaism and German Philosophy* (Berkeley : University of California Press, 2003), 178.

（6） このことがまったく間違っていることは、私がスタンリー・カヴェルとジェームズ・コナントとの何年にもおよぶ貴重な会話から引き出した洞察である。

（7） 若干の「日常言語の哲学者たち」はゴードンがウィトゲンシュタインに帰したような立場をとっているとスタンリー・カヴェルは考えるが、カヴェルの *The Claim of Reason*（Oxford : Oxford University Press, 1982）の中心テーゼは、「ありふれた意味」のある一定の蓄積から出発するだれもがナンセンスな話をしているのだという罪を帰せられるような見方に、ウィトゲンシュタイン哲学は深く対立している、というものである。

なわち、宗教を根本的な生き方（であるべきだと彼が考えているもの）よりもむしろ一つの理論にしようとする誘惑へといたる。これが、キルケゴールも同様にその著作の多くを戦いへとゆだねた誘惑であり、そしてキルケゴールにたいしてウィトゲンシュタインが生涯にわたり関心をもった一つの理由であると思われる。しかし、宗教を本質的に「前科学的な思考」として、すなわち「啓蒙主義」以後は無意味《ナンセンス》なものとして単に拒絶されなければならないものとみなすことは、それ自体ウィトゲンシュタインにとって概念的混乱の一例であり、ある写像に捉えられていることの一例である。こうしてウィトゲンシュタインは、そうすることが「政治的に正しく《ポリティカリー・コレクト》」なる数十年も前に、人類学者が原始宗教を見ていた方法を批判したし、[8] 彼の魅力的な「宗教的信念についての講義」[9] に関してわれわれがもっている記録は、彼が主として宗教的信仰を慣れ親しんだものではなくさせ、生活様式や概念化の様式がいかに特殊なものであるかをわれわれに理解させることに関わっていたことを示している。ウィトゲンシュタインが（*E*という大文字なしの）啓蒙主義（enlightenment）に反対したということではない。彼が啓蒙主義（enlightenment）そのものの名において「大文字の*E*をもった啓蒙主義（Enlightenment）」の反宗教的側面を攻撃したと言うほうがより適切であろう。[10]

　私はウィトゲンシュタインの引用からはじめた。次に引用するコメントは一世紀のユダヤ人哲学者アレクサンドリアのフィロンからのものである。私は一冊のお気に入りの本――ピエール・アドの『生き方としての哲学』――のなかで彼の主張に出会った。[11] このすぐれたエッセイ集のなかで、偉大な古代哲学史家の一人アドは、もしわれわれが古代のフィロソフィア（*philosophia*）を近代、それどころか中世後期のアカデミックな哲学と考えるならば、あらゆる古代の哲学学派の本質を根本的に誤解すると論じている。彼は哲学の理念を「世界の内に実存する仕方」として描くために次のフィロンの言葉を用いており、その仕方は「それぞれの瞬間において実践されなければならず、またその目的は個人の生活の全体を変容させることであった[12]」。

知恵のために鍛錬し、潔白で非の打ちどころがない生活を送っているすべての人間――ギリシア人であろうと、異邦人であろうと――は、不正に加担することも、他者に不正を働くことも

（8） L. Wittgenstein, *Remarks on Frazer's Golden Bough*, edited by Rush Rhees (Atlantic Highlands, N. J.: Humanities Press, 1983).

（9） Ludwig Wittgenstein, *Lectures and Conversations on Aesthetics, Psychology and Religious Belief; Compiled from Notes Taken by Yorick Smythies, Rush Rhees And James Taylor*, edited by Cyril Barrett (Oxford: Basil Blackwell, 1966), 53-72 に収録。

（10） 私は、自分のスピノザ講義のなかで哲学的啓蒙主義（philosophical enlightenment (s)）の本質について議論している。それは *Ethics without Ontology* (Cambridge, Mass.: Harvard University Press, 2004)〔『存在論抜きの倫理』関口浩喜・渡辺大地・岩沢宏和・入江さつき訳、法政大学出版局、二〇〇七年〕の第二部としておさめられている。

（11） Pierre Hadot, *Philosophy as a Way of Life* (Oxford: Blackwell, 1995), edited by Arnold Davidson.

（12） Ibid., 265.

選ばずに、お節介な連中に近寄らぬことを選ぶのであって、そして彼らの時間を費やす場所——宮廷、評議会、市場、会合——、要するにこれといった考えのない人々のどんな集会あるいは懇親会も軽蔑する。……このような人々は全世界を自分たちの都市とみなしており、その市民は知恵を共有する仲間なのである。彼らは市民権を徳から受け取り、その徳は普遍的なコモンウェルスを統括することを任せられていた。たしかに、このような人々はわずかにしか存在しない。彼らは自分たちの都市のなかでくすぶっていた知恵の残り火なのであって、その結果、われわれの子孫から徳が完全に消え去ってしまうことがないようにするのだ。しかし、どこにでもいる人々がこのわずかな人々と同じように感じ、そして彼らが自然がかくあれと示すように潔白で非の打ちどころがなく、そしてまさに美しいという理由で美しいものをよろこび、それ以外には善きものは存在しないと考える愛知者になるならば……、われわれの都市は幸福であふれるだろう。

ピエール・アドはけっして哲学的な反動主義者ではない。彼はわれわれが古代の哲学学派のいずれかに単純に回帰できるなどとは信じていない。しかし彼は、人の生き方や場所・地位についての理解を、物事のより広い枠組みと人間の共同体のなかで変容させてくれる古代の理念を、われわれが失ってはいけないものだと信じている。哲学はたしかに議論の分析と論理的技法を必要とするが、まさにこの理念のなかでそもそも働いていたものを忘れてしまう危険があるのだ。

私は右記のような理念、すなわち学問上の学科ではなく、生き方としての哲学（あるいはフィロソフィア）の理念からはじめた。なぜなら私がこの小著のなかで議論しようとしている三人の哲学者たち――フランツ・ローゼンツヴァイク、マルティン・ブーバー、そしてエマニュエル・レヴィナス――は、アドが記している古代の伝統をまさに代表している思想家たちだからである。表面上は目立たないとしても、ルートヴィヒ・ウィトゲンシュタインにも同じ傾向があると私は思う。

すでに述べたように、ウィトゲンシュタインにとって宗教はその最高の状態においても理論ではなかった。もちろん、彼は宗教がたいてい奇跡または来世への信仰、あるいは両方への信仰を含んでいることを認識していた。しかし、こういった信仰でさえ、科学的信念と同じようなものではなかった、と彼は論じた。ウィトゲンシュタインにとって、「言葉だけが生の流れのなかに意味をもっている[13]」のであり、このような信念が信仰者の生において演じる役割は経験的信念が演じる役割とはまったく異なっている[14]。宗教が科学的事実に訴えることで批判されたり、擁護されたりするという考えは彼には誤りのように思えた。そして、きっとキルケゴールのようにウィトゲンシュタインは、ユダヤ教、キリスト教、あるいはイスラームといった宗教の真理を「歴史的証拠」によって

（13） L. Wittgenstein, *Last Writings on the Philosophy of Psychology*, vol. I（Chicago : University of Chicago Press, 1982, 1990）, § 913.

（14） *Lectures and Conversations on Aesthetics, Psychology and Religious Belief*, 53–55.

立証しようとする考えは諸領域の完全な混乱、すなわち、彼が宗教の真の機能と考えたみずからの生に起こる内的変容を科学的説明や予測の目標や活動と取り違えることだと考えたはずである。そして、ローゼンツヴァイクが啓示について議論するとき、まったく同じ態度が示されていることが感じられると思う。たとえば、「建設者たち」というマルティン・ブーバーに宛てられた重要な公開書簡のなかで、ローゼンツヴァイクが書いているように、ドイツにおける新正統派の偉大な創設者であるザムソン・ラファエル・ヒルシュ（一八〇八―一八八八）は、シナイ山でのトーラーの授与は歴史的事実であると主張した(15)。ローゼンツヴァイクの応答は興味深い。彼は伝統的なユダヤ人がこの「事実」を信じていたことは否定しないが、伝統的なユダヤ人が「なぜユダヤ教を信じるのか」という認識論的問いに関心をもっていたかどうか、そして彼らが自分たちの生き方のための一つのもっともな理由をもっていたかどうかを問うている。彼はこう書いている。

しかし、問いを抱えることなく生きる人々にとって、律法を保持しようとするこの理由は数多い理由のうちのほんの一つのものにすぎませんし、おそらくもっとも説得力のある理由ではありません。成文トーラーと口伝トーラーの両方とも、シナイ山でモーセに授与されたことは疑いありませんが、トーラーは世界の創造に先立っては造られなかったのではないでしょうか「ローゼンツヴァイクはここならびにこの一節の別の部分で、タルムードとミドラーシュのうちに含まれている物語に言及している」。薄暗い炎の文字のなかで輝く火を背景にして書かれたのでしょうか。また、世界は世界のために創造されたのではなかったのでしょうか。また、アダムの息子セトはトーラーを教えるための最初の学びの家を建てたのではなかったでしょうか。そして、父祖たちはシナイ山に先立つ五〇〇年のあいだは律法を保持していなかったのでしょうか。……

正統派のうちの「唯一なるもの」は、リベラリズムの「唯一なるもの」と同じようにわれわれを律法から追い払うはずです……ユダヤ教はこれら「唯一なるもの」を含んでいますが、「唯一なるもの」の意味においてではありません。律法の問題は、その起源にある偽りの歴史論あるいは従うべき権力に関する偽りの法論、すなわちヒルシュの正統派が厳格にして厳密な、壮大であるにもかかわらず美しくない構造の土台を築いた理論を、単に肯定ないしは否定することで片づけることはできません。それは神の単一性に関する偽りの論理的理論や、ガイガー[16]のリベラリズムがそれでもって解放ユダヤ人の新しい会社やアパートの正面にペンキを塗ったような隣人愛に関する偽りの倫理論を、単に肯定ないしは否定することで片づけることができないのと同じです。これらは偽りの歴史的主題であり、偽りの法的主題であり、偽りの論理的

(15) "The Builders" [1937], collected in Franz Rosenzweig, *On Jewish Learning* (New York : Schocken Books, 1955), edited by Nahum Glatzer, 78.

(16) アブラハム・ガイガー(一八一〇―一八七四)はドイツの改革派ユダヤ教の創設者であった。

主題であり、偽りの倫理的主題です。なぜなら、奇跡は歴史を構成しないし、民族は法的事実ではないし、殉教は算術的な問題ではないし、そして愛は社会的な問題ではないからです。われわれは、自分たちが行程の第一週目をまだ走っていることを認め、そして自分たち自身であらゆる措置を取ることによってのみ、教説と律法の両方に達することができます(17)。

同様の調子でローゼンツヴァイクは書いているが、「[「ユダヤ的なものは何ものも私に無縁ではない」と語ることができる人間にとって]「ユダヤ-教」をはっきりと限定された「ユダヤ的義務」(粗野な正統派)、「ユダヤ的課題」(粗野なシオニズム)、あるいは「わが願いをかなえさせたまえ」「ユダヤ的理念」(粗野なリベラリズム)といった規範《カノン》として彼に強いた愚かな主張から自分自身を解放することが必要であろう(18)」。しかし、「建設者たち」や他の著作においてもまた、ローゼンツヴァイクはヒルシュのあまりに厳格に解釈されたユダヤ教やアブラハム・ガイガーのあまりに知的に解釈されたユダヤ教だけでなく、ブーバーのあまりに無律法主義的に解釈されたユダヤ教との不一致を表明している。それゆえ、彼のもっとも有名な作品『救済の星(19)』において、ローゼンツヴァイクが書いているように、「この啓示の奇跡の現在性こそがその内容であり、内容であり続けている。むしろ、こうした歴史性はその根拠であり、保証なのである(20)」。この文章の最初の部分は、ローゼンツヴァイクの親友であったマルティン・ブーバーの対話の哲学との一致点を示している。二番目の部分が主張しているのは、現在性の主観的経験は歴史のなかでその意味と正当な保証を示さなければならないということであり、それはブーバーがけっして語ることのない事柄である。[21] ユダヤ教は一連の死んだ儀式に、あるいはそれとも一連の近代的なスローガンやイデオロギーにも還元されてはいけない。他方で、ユダヤ教は歴史的連続性がなければ何ものでもない。ブーバーはユダヤ教を、そして事実上すべての宗教を、有意味な要素と無意味な要素とに、つねに二分法的に分けている。有意味な要素のほうは、まず第一に非概念的で、実際のところ概念化不可能な神との対話的関係という契機、すなわちよく知られている〈我／汝〉の契機と同一視され、第二に（第三章で見るように）「それの世界」のなかで今後も続いていく人間の生に対してこの契機がもたらす変容的効果と同一視されるのだが、無意味な要素のほうは、ドグマや規則と同一視される。これにたいして、

（17）"The Builders," 79–80. 強調は追加。
（18）"On Being a Jewish Person," in *Franz Rosenzweig : His Life and Thought*, 2nd edition (New York : Schocken Books, 1953, 1962), edited by Nahum Glatzer, 222. ここで「リベラリズム」とはアメリカにおいて改革派ユダヤ教と呼ばれるものを指している。
（19）Franz Rosenzweig, *The Star of Redemption* (Notre Dame, Ind. : Notre Dame Press, 1985), translated from the 2nd edition of 1930 by William W. Hallo.〔『救済の星』村岡晋一・細見和之・小須田健訳、みすず書房、二〇〇九年〕。
（20）Ibid., 183.〔前掲『救済の星』、二八〇頁〕。
（21）この定式をブーバーとの一致と不一致を表現するものとして見る考えを、私は Man Lung Cheng から示唆された。

ローゼンツヴァイクは相互の依存を強調する。ローゼンツヴァイクがブーバーに「建設者たち」のなかで語っているように、律法（*Gesetz*）には宗教的意義はないかもしれないが、それはつねに律法を越えたなにか、すなわち戒め（*Gebot*）（神の命令）になる潜在性をもっている。結局、ブーバーがローゼンツヴァイクと同じくらい評価するユダヤ的教育は、「我／汝」の経験にかかわる事柄ではない。しかしわれわれは、彼らが実現しようとするもののために、すなわち、かつてなされたあらゆる困難な仕事を正当化する純粋な学びのために、「乾いた」一時期、つまり準備段階、聖書そして聖書以後のヘブライ語やアラム語の研究、実際に起こった事柄の収集などを体験する。同様に、「ミツヴァー *mitzvah*」（ユダヤ教の法の一部）を保持することは、われわれの「怠惰」の結果としては、単なる法、単なる律法（*Gesetz*）のように見えるが、われわれの研究と献身の結果としては、つまり神的なものにわれわれが注意深くありそれに開かれることによっては、神の命令、戒め（*Gebot*）にもなりうる。律法－潜在的な－戒めとしてのその本質的な二重性においては、法は、ユダヤ教の活ける中心の周りで結晶化してしまった（あるいは硬化してしまった）意味のない殻とみなすことはできないのであって、このことは（ローゼンツヴァイクが「建設者たち」を書いた当時）ブーバーが考えていたと思われる見方なのであった。

ローゼンツヴァイクと形而上学

ローゼンツヴァイクについて学ぼうとするたいていの人々は彼の最高傑作『救済の星』からはじ

めるが、私はこの著作(あるいは、むしろこの著作の一部)に関する私の議論を次章に先延ばしにしたい。本章で私は『救済の星』よりもずっと手に取りやすい著作、『健康な悟性と病的な悟性』(22)と題された魅力的な小著を議論するつもりである。ローゼンツヴァイクの哲学はときどき「実存主義的」だと特徴づけられ、また『健康な悟性と病的な悟性』の「攻撃目標」はしばしば「ドイツ観念論の哲学」であると考えられてきた。実存主義というパラダイムがサルトルといったより特定の意見に偏った現象学的な実存主義よりもむしろ、たとえば、キルケゴールの『哲学的断片への結びとしての非学問的後書き』の宗教的実存主義、あるいはもっと言えば『道徳の系譜』や『権力への意志』に先立つニーチェのきわめて個人的な実存主義だとするならば、その特徴づけの最初の部分は正しい。またたしかに『救済の星』の主要な攻撃目標はヘーゲルの哲学であった。しかし、『健康な悟性と病的な悟性』における形而上学の風刺的な描写がドイツ観念論にたいしてのみ向けられ

(22) 元のタイトルは *Das Büchlein vom gesunden und kranken Menschenverstand*〔『健康な人間悟性と病的な人間悟性に関する小著』〕である。この本は一九二一年七月に書かれたが、ローゼンツヴァイクが生きているあいだに出版されなかった。事実、その最初の出版は *Understanding the Sick and the Healthy* (New York: Noonday Press, 1953) と題され、ナーフム・グラッツァーの序文が付された英訳であった。その後絶版になり、同じタイトルで一九五三年のグラッツァーだけでなく私自身による新しい序文も付され、一九九九年にハーヴァード大学出版会から再刊された。〔『健康な悟性と病的な悟性』村岡晋一訳、作品社、二〇一一年〕

ていると考えると、きわめて重要なことを見落としてしまう。すなわち、ウィトゲンシュタインとまったく同じように、この本でのローゼンツヴァイクの攻撃は広くいきわたった哲学的幻想、つまり哲学は「本質」の認識（普通の共通感覚には知られていない認識）をもたらすことができるという幻想だとして彼が描くものにたいする攻撃であることを見落としてしまう。『健康な悟性と病的な悟性』においてローゼンツヴァイクが、観念論の思想のみならず、唯物論、経験主義、実証主義、そして当時有名であったハンス・ファイヒンガーの「かのように」[23]［*Als Ob*］の哲学から取り出された思想をも嘲笑的に描いているのはそのためである。そのうえ、『健康な悟性と病的な悟性』は一般読者に向けて書かれており、またローゼンツヴァイクは彼の時代の典型的なドイツの同化ユダヤ人がヘーゲル的あるいはポスト・ヘーゲル的形而上学に転向しつつある危機のなかにあるとはきっと考えていなかった。ローゼンツヴァイクの『健康な悟性と病的な悟性』において「哲学」が示しているものは専門的な主題ではまったくなく、自分たちを宗教的であると考えているすべての人々がいつかはわからないがやがて影響を受けるかもしれない誘惑である。「これが単に何人かの哲学者たちの個人的関心でしかなければ」、とローゼンツヴァイクは書いている、「われわれは異議を唱えないだろう。種々さまざまなタイプを考慮しても、哲学者の数はきわめて少ない。しかし、あいにくどんな人でもみずから間違いを犯し、哲学の列に続いている自分自身に気づくことがありうる」（42）〔前掲『健康な悟性と病的な悟性』、一八頁〕。ローゼンツヴァイクがここで語っている「哲学の列に続く」という衝動は、言葉、とくに純粋な宗教的生との内的関係がないがゆえに宗教的内容をもたない言葉を、そうした宗教的生の代用にしようとする衝動であると私には思われる。キルケゴールが主として立ち向かいたかったのはまさにこのような衝動である。キルケゴールが、抽象的な話を、現実的に宗教的生を送ることとの代用にしようとする衝動に立ち向かったのは、彼が十九世紀デンマークにおけるほとんどのキリスト教徒がまさに形而上学者になろうとしていると推測していたからではないし、それは、ローゼンツヴァイクが当時のほとんどのドイツ・ユダヤ人が観念論哲学者になろうとしていたと考えていたわけではないのと同様である。ウィトゲンシュタインやキルケゴールと同じように、ローゼンツヴァイクは形而上学をある誇張された衝動の形式、実のところわれわれすべてが罹っている「病」と見ていたのである。

形而上学の不条理(24)

ローゼンツヴァイクの哲学批判と後期ウィトゲンシュタインのそれとのあいだの類似性は、事物

(23) Hans Vaihinger, *The Philosophy of "as if": A System of the Theoretical, Practical and Religious Fictions of Mankind*, translated by C. K. Ogden (London : Routledge and Kegan Paul, 1968). もともとは次のように出版された本である。*Die Philosophie des "als ob," der theoretischen, praktischen und religiösen Fiktionem der Menschheit auf Grund eines idealistischen Positivismus* (Berlin : Reuter and Reichard, 1911).

(24) この部分以降、本章は『健康な悟性と病的な悟性』への私の「一九九九年の序論」からとられている(わずかな点のみ変更)。ハーヴァード大学出版会の許可を得てここに再録した。

の「本質」の重要性を探究しようとする形而上学者に向けられた彼らの批判にまでもおよぶ。両者は、この形而上学者の探究を希望のない探究とみなした。なぜなら、事物の本質を見出すことがあまりに困難であるからではなく、その企図がある意味で不条理だからである。ウィトゲンシュタインとローゼンツヴァイクはそれぞれ、われわれをあれこれの「本質」の哲学的釈明という幻想から引き離して、われわれの言葉をわれわれが理解しているような通常の使用法へと向けてくれる。同時に、彼らの企図にはある明確な違いがある。すなわち、ウィトゲンシュタインにとって、われわれの言葉の通常の使用法に戻ることはその使用法の説明、「文法的考察」によって助けられることである。ローゼンツヴァイクにはこのような企図は存在しない。それどころか、『健康な悟性と病的な悟性』をそれ自体として受け取るならば、それは哲学にきっぱりと背を向けるための助言と見ることができる――ローゼンツヴァイクが他の場所で書いたことを別にして考えれば、おそらくそう見なければならない。しかし、ウィトゲンシュタインが認めたように、不条理な形而上学という意味における過去の哲学の道があるならば、その道は別の意味での哲学に通じていなければならない。ローゼンツヴァイクは本当にこの哲学を知らなかっただろうか。

彼が別の種類の哲学の必要性を十分認識していたことは、ローゼンツヴァイクが他の場所で書いたものから明らかである（私はのちに本章でいくつかの事例を示したい）。また、もちろん証明はできないけれども、私は彼が『小著（*Büchlein*）』を出版しないことを決定した理由は、まさに『小著』をそれ自体で受け取られると、それは反哲学的だと思われると考えたことにあるのではないだろうか。しかし、『健康な悟性と病的な悟性』がキルケゴール的な著作、すなわち著者の宗教的かつ実存的な全人格性を示す著作ではなく、むしろキルケゴールが偽名で書いた有名な著作と同様に、宗教的生にたいしてある特殊な「傾向」（一面的であり、そうでなければならないが、しかし私が描いた病にたいする矯正手段としては大切な傾向）をとろうとする著作として理解されるならば、『健康な悟性と病的な悟性』が用いている半ば架空の仕掛け（「サナトリウム」での「病」とその「治療」の経過を物語る）とその故意の一面性の両方を理解することができる。

形而上学の不条理は、したがって、ある規則に従うことを可能にし、あるいは事物を指示することを可能にする方法に関するあれこれの形而上学的説明というものは注意深く証明されるなり不条理に陥っていくのだとウィトゲンシュタインが議論するのと同じように、ローゼンツヴァイクが議論するものではなく、むしろ彼が皮肉に満ちた再記述によってわれわれに感じさせようとするものである。（ユダヤ教の宗教的感受性はキリスト教のそれとはまったく異なっているけれども、イロニーと寓話という仕掛けは『天路歴程』のそれを思い出させる。実際、『健康な悟性と病的な悟性』の考えられうるもう一つのタイトルは『病人の歴程』であったかもしれない）。それゆえ、ローゼンツヴァイクが挙げる哲学者による本質探究の最初の事例は、一片の特定のバターの本質を認識しようとする哲学者という、故意に不条理な事例である。

一ポンドのバターの値段の事例に戻ろう。もし私たちが客の精神的なプロセスを想像するならば、二つの可能性を発見する。彼は買うつもりで家を出たのか、あるいは店を通り過ぎたときに買うことを決めたのか。二つの可能性には一つの共通点がある――彼が最終的に買う厚切りのバターはまったく特定の厚切りのバターである。さて、いつバターは特定の断片になったのか。店のカウンターで男がバターを切った瞬間である。あるいは、おそらくそれ以前かもしれない。もし後者ならば、彼がショーウインドーのなかにバターを発見したとき起こっていたのかもしれない。これよりも以前にバターはなんだったのか。なにものでもなかったのである。また、もし客がバターを買うつもりで家を出発したならば、彼が考えたのは単なるバター一般だったのか。そうではない。(47)〔前掲『健康な悟性と病的な悟性』、二七―二八頁〕

ローゼンツヴァイクは哲学の雑誌には「バターの本質」に関する研究論文が掲載されていないことをもちろん知っていた。しかし、ひとは次のような議論が提示されている現在の哲学会議を容易に想像することができる。

(A教授)私が厚切りのバターを欲しがっていると想像してください。私の知らない間に、バターが存在しなくなるということがありえます。――バターはすべて数分前に廃棄されたのです。でも、私はまだ厚切りのバターを欲しがっています。厚切りのバターが実際にあろうとなかろうと、このことは間違いありません。こうして「厚切りのバター」という表現は、「私は厚切りのバターを欲しがっている」という文章では、厚切りの〈実際の〉バターを指示する通常の機能をもつことはできません。「私は厚切りのバターを欲しがっている」が実際に意味するのは、Xは私のものであること、Xは〈厚切りのバターであること〉という属性をもっているようなXであることを、そこで私が望んでいることです。「厚切りのバター」という表現はフレーゲが「間接的」意味や言及と呼んだものを含んでいます。それは「欲しがる」という動詞の対象として生じるとき、実際に〈厚切りのバターであること〉という属性に言及しているのです。

（教授B）「属性」について語ることは非物質的で、神秘的で、ほとんど同定できない〈抽象的実体〉を引き合いに出すことです。それはすべて神秘に夢中になることです。この文章が意味しているのは「「私は厚切りのバターをもっています」という文章を私が真に望んでいる」と語ることで表現されるかもしれません。

（教授C）「ジョンは厚切りのバターを欲しがっている」という三人称の文章はどうですか。

（教授B）それはジョンによって語られた「私は厚切りのバターをもっている」という文章をジョンが真に望んでいるということです。

（教授C）こうして「ピエールは厚切りのバターを欲しがっている」はピエールによって語られた「私は厚切りのバターをもっている」（I have a slab of butter）という英語の文章をピエールが真に望んでいることを意味しますか。ピエールが英語を知らなかったらどうですか。

〔ローゼンツヴァイクのことを思い出してほしい。「とはいえ、もし哲学者が、フランス語でバターは *beurre* と呼ぶのでわれわれの厚切りのバターを無視すべきならば、彼にふさわしい場所はもっぱら哲学者たちだけの世話をする施設であろう」（53）〔前掲『健康な悟性と病的な悟性』、三九頁〕〕

（教授D）私は次のように提案します。「Xは厚切りのバターを欲しがっている」とは「Xは何らかの文章を真に欲しがっている」ということであり、その文章は「私は厚切りのバターをもっている」という英語の文章と同義の関係にあります。

もちろん、このような会議の参加者たちは彼らがバターの「本質」を探究しているということをたぶん否定するだろう。彼らが探しているのは「願望文」の「正しい意味論」だと言うだろう。しかし、ここで機能している「正しい意味論」という概念が本質主義的な概念であることはまったく明らかである。「正しい意味論」は、活動している発話者のだれもが実際にそのような文を理解しているところの方法を示してはいけない。「正しい意味論」は哲学者の「直観」にのみ対応しなければならないのだ。現代の「意味論」はしばしばまさに偽装された時代遅れの形而上学なのである。[25]（「欲する」という動詞の意味論に関する右記のループ・ゴールドバーグの説明とウィトゲンシュタインの願望に関する率直な主張（『哲学探究』§四四〇―四四一〔前掲『ウィトゲンシュタイン全集8』、二五八頁〕）を比較することは示唆に富む。

四四〇　「私はリンゴが食べたい」と言うことは、リンゴが私の不充足感を鎮めてくれるだろう、と私が信じている、ということではない。この〔あとの〕命題は願望の表出なのではなくて、不充足の表出なのである。

四四一　われわれは本性上、一定の訓練、教育によって、一定の状態の下でおのずから願望表出を行うように調整されている。……自分の願望が満たされるに先立って、自分がなにを願望しているのかを知っているかどうか、と問うことは、このゲームのなかでは全然起こりえないことなのである。そして、ある事件が私の願望を沈黙させるということは、その事件が当の願望を満たすということを意味しない。おそらく私は、自分の願望が満たされていたとしても、満足してはいなかったことであろう。）

私が買ったバターを「私が欲したバター」とすること、もしそうするならば、それは私が買ったバターを私が「私が欲したもの」として描くことである。バターそれ自体のなかにはなにも存在せず、満足／不満足などの感情のうちにもなにも存在しない。このことはウィトゲンシュタインが言

（25）　このような事例は次の著作で見事に論じられている。Charles Travis, *Unshadowed Thought* (Cambridge: Harvard University Press, 2000).

語ゲームと呼び、ローゼンツヴァイクが「名前」と呼ぶものとは別に、バターを「願望の対象」とするバターの購入と摂取に付随している。そして「名前」は、どんな本質の助けも借りることなくまったく完全に働いている。ローゼンツヴァイクは次のように言っている。

私は、記憶のなかにある像にまだ似ていたような私の願望像を、ショーウインドーのうちで私が見るものへと変える。この事柄を偏見にとらわれずに考察すれば、この変化が起こったのちに、「バター」という言葉以外なにも同じものは残っていないことがわかる。これはすべてはたしてたんなる言葉、たんなる名前でしかないのだろうか。すべてのほかのものは変化してしまったが、名前はそのままである。これがはっきり述べられなければならない最初の事実である。しかし、われわれはこのような主張によってなにを得たのか。なによりもまず、名前は事物の「本質」だと思おうとする人がだれもいないということが確信される。(48)〔前掲『健康な悟性と病的な悟性』、二二九―二三〇頁〕

しかし、唯名論ではなく

とはいえ、重要なのはローゼンツヴァイクの(あるいはふたたびウィトゲンシュタインの)本質探求の拒絶をそれ自体積極的な形而上学的主張としては受け取らないことである。もしわれわれが形而上学的問題に関するわれわれの事例を、言わばよく知られている「個人的アイデンティティの問題」に変えてみると、おそらくこの危険性はもっと簡単に理解されるだろう。実際、ローゼンツヴァイクが「結婚に先立つ求愛」に関して次のように書くとき、彼は明らかにこの問題を考慮しているのである。

時間は経過しなければならないがために、尋ねられた人とは別の人間によって答えが与えられることは不可避であり、またみずから問いを発したときとは変わってしまった人にたいして答えが与えられる。……全生涯が問いと応答に関係している。両者に関わる変化が不可避的に生じるということを、恋人たちはあえて否定しないし、ロミオとジュリエットでさえ否定しないだろう。それにもかかわらず、彼らはためらわない。実際に結婚を申し込む男性とそれに応える女性はこのような変化について考えない。彼らは変化しないものにすがりつく。変化しないものとはなにか。まったく偏見にとらわれずに省察すれば、それはまたもや名前でしかないことが明らかになる。(49)〔前掲『健康な悟性と病的な悟性』、三〇—三一頁〕

もしわれわれが、ローゼンツヴァイクはここで形而上学的主張——たとえば、一つの名前のもとに集められたさまざまな事物が実際に共通していることはなにもないという形而上学的主張(「唯名論」)——をしていると考える過ちを犯すならば、このことは、われわれが一人の「人格」として、「ジョン」として、あるいはたとえば「サリー」として言及しているものは本当は異なる人格の連続であると言っているように受け取られうる。実際、現代の哲学者デレク・パーフィットはまさにこの観点に賛成した。パーフィットによれば[26]、私の瞬間ごとの自己、私の「薄切りの時間」は異なる個人とみなされる権利をもっているのであり、そして一週間のあいだ「ヒラリー・パトナム」と呼ばれるであろう自己はいかなる意味においても数千マイル離れたまったく見知らぬ者よりも私と「同一」であるという考えは、まさに一貫した幻想だということになる。しかし、この見方は対立する見方、伝統的な形而上学の専門用語における自己同一的な実在、「実体」が存在するという見方――それは私が私自身である限り存在し、そしてそれが私の「本質」だということである――と同じくらい形而上学的である。伝統的な宗教思想において、またデカルトや他の合理主義的哲学者の心理学においても、この実体は非物質的な魂と同一であった。しかし、たとえ非物質的な魂が存在する／したとしても、その非物質的な魂はさまざまな時にさまざまな（非物質的な）実体から構成されているのではないのか。またもしそうであれば、このことはわれわれの人格的アイデンティティにたいして何らかの差異をもたらすのではないか。そして非物質的な魂が存在しないならば、またわれわれの身体がさまざまな時にさまざまな物質から構成されているならば、これはわれわれの人格的アイデンティティにどのような差異をもたらすのか。

　ロックとカントは「否」と答えた。しかし、彼らはパーフィットのように、自分自身をさまざまな時に同一の人格として考えることに意味があるということを否定しはしなかった。ローゼンツヴァイクもまた否定していない。それどころかローゼンツヴァイクが指摘するように、このような点を考えることはわれわれの生活にとって重要なことである。彼が書いているように、「活動中の共通感覚は、「本質」ではなく、名前が存続することに関係していた」[27]。あるいはウィトゲンシュタインが言ったように、「このゲームのなかでは、われわれが「サリー」と呼ぶ人格が、以前の彼女自身と「計算上同じ」であるかどうかという問題はまったく生じない」。

私はロックとカントに触れたが、また脇道にそれてもよいならば、彼らがそれぞれいかにして類似の考えを述べたかを考えてみるのは興味深い。ロックにとって、まさに私をしてこれこれの街で少年として生活を送り、これこれの高校や大学に進み、これこれの友達をつくり、結婚し、さまざまな場所で働き、さまざまな事柄を書いたり話したりした人格たらしめるもの、またまさに私をしてこれこれをなし、今やそれを恥じ、あるいは誇りに思ったりした人格たらしめるもの、これは私がそれらの出来事を私に生じるものとみなし、それに関する記憶を私自身のものとみなすことである。これこそ「活動中の共通感覚」は選択肢をもたず、言語ゲームに依存しなければならないという主張を述べるためのもう一つの方法である。カントにとって、合理的な思考そのものは私が私の思考、経験、記憶、そして選好をすべて私のものとみなす事実（その時だけでなく、過去に遡って

（26） Derek Parfit, *Reasons and Persons* (Oxford : Oxford University Press, 1987).〔『理由と人格』森村進訳、勁草書房、一九九八年〕

（27） Ibid., 49.

みても「私は考える」をすべての事柄の前におくという事実）に依存する。カントの要点を明らかにするために、たとえば「もしあなたが沸騰した水のなかに指を突っ込むならば、その沸騰した水は痛みを与える。これは沸騰した水である。だからもし私が沸騰した水のなかに指を突っ込むならば、その沸騰した水は痛みを与えるだろう」というきわめて単純な推論形式を通過するあなた自身を想像してほしい。「もしあなたが沸騰した水のなかに指を突っ込むならば、その沸騰した水は痛みを与える」と考えた私の「薄切りの時間」が一人の人格、人格Aであり、また「これは沸騰した水である」という小前提を考えた「薄切りの時間」が異なる人格、人格Bであり、そして「結論」である「もし私が沸騰した水のなかに指を突っ込むならば、その沸騰した水は痛みを与えるだろう」と考えた人格がさらに三番目の人格、人格Cであったならば、その結論の真実は証明されなかったことになる。それどころか、連続する思考はまったく一つの議論ではなかったことになる。なぜならその思考は異なる思考者の考えだったからである。そのうちだれも他者が考えあるいは考えてきたことに結びつけられるべきいかなる推論ももっていなかったのだ(28)。われわれは知的にも実践的にもわれわれが過去に考え行ったことに責任があり、今も責任がある。そしてとにかく、これがわれわれを考える者、世界のなかでの合理的な行為者にする。ロックと同様に、カントの主張は次のように理解できる。すなわち、さまざまな時の私の思考と活動を私のものと考える「ゲーム」は、「自己同一的な実体」に関する形而上学的前提には依存しないが、にもかかわらず、そのゲームはわれわれが「活動中の共通感覚」に関わっている限り、その義務からは逃れられないゲームだと考えることができる。唯名論者がとにかくわれわれ自身とその生活に関するどんな一貫した概念もなしにわれわれを放置するのにたいして、合理主義的な心理学者と唯名論者の両者が答えようとする問題を拒絶することは、われわれの関心を実際にこのような生活を特徴づける諸概念へと引き戻してくれる。これらの思想家たちが主張しているのは次のことである。「いくつの自己同一的な実体から私は成り立っているか」という問いは、現実の論点、すなわち「活動中の共通感覚」〔*der gesunde Menschenverstand in seinem Handeln*〕にとってなにが要求されているかという論点からわれわれの関心をそらしてしまう、ということである。

神

しかし、ローゼンツヴァイクは宗教的な思想家である。彼が取り組んだ──命に関わるほどの実践的な生活問題として取り組んだ──問題とは、つまり「活動中の共通感覚」は宗教的人間にとってなにを意味するかである。〈人間〉、〈世界〉、〈神〉を彼の「患者」がサナトリウムからちらっと

(28) もちろん「薄切りの時間」という思考の理念は首尾一貫していない。思考は時間を、そしてさまざまな種類の性質を要求する。それゆえ、あらゆる私の薄切りの時間が自己であるという考えは、意味ありげな外観だけをもっているのである。また薄切りの時間に「厚み」を与えること──たとえば、薄切りの時間を一分の厚みと考えること──が役立つということもないだろう。性質を薄切りの時間に帰してしまえば、意味ありげな外観すら失ってしまう。

見やる三つの「山」として扱うことで、ローゼンツヴァイクは、神との適切な関係が、ある理論、神は「実際何であるか」という知的概念、言い換えれば神の「本質」の把握には依存しないことを示唆しようとする。他の人間あるいは世界との適切な関係が人間あるいは世界の理論には依存しないのと同様に、である。ふたたびウィトゲンシュタインとの比較がこのような思想を理解する手助けになるかもしれない。ウィトゲンシュタインの思想に関する見事な説明にして展開である『理性の要求』のなかで、スタンリー・カヴェルは、懐疑論者とは真理の意義をねじまげ誤解する者であるにもかかわらず、ウィトゲンシュタインを「懐疑主義のうちに真理」を発見する者として解釈する。たしかにカヴェルの解釈によれば、われわれは世界が存在し、ほかの人々が存在するかを「知っては」いない。しかし、それはわれわれがその事柄を「知らない」からではない（これこそ懐疑論者の誤解である）。普通の状況、疑いも正当化も必要とされない状況においては、環境のなかで慣れ親しんだ事柄とのわれわれの関係、われわれが握っているペンとか、あるいはわれわれが慰めている苦痛のなかにある人といったものは、「知っている」とか「知らない」とかいった事柄なのではない。むしろカヴェルは、このことはそれらの現実性を承認する（あるいは、残念なことに承認しそこなう）事柄であるのだと言う。われわれの課題は「外的世界が存在する」あるいは「われわれの友人が痛がっている」という「証拠」を得ることではなく、世界やわれわれの友人を承認することである。私が示唆しているのは、われわれが宗教的思想家であるローゼンツヴァイクを、神を承認することがわれわれの課題であることを付け加える者として読むことである（実際、大いにヒューマニスティックな思想家ではあるが同時に深い宗教的思想家としてのローゼンツヴァイクは、それらが承認されることを求めるとき、ほかの二つが承認されない限り、人は三つ――〈神〉、〈人間〉、〈世界〉――のうちどれか一つを承認できるとは考えていない）。しかし、カヴェルのウィトゲンシュタインと同様に、承認は認識の問題ではないとローゼンツヴァイクは言う。

　ウィトゲンシュタインは宗教的感受性をもっているけれども、[29] みずからをけっして有神論者とは呼ばない[30]。とはいえ、彼にとって宗教もまた何らかの価値をもたなければならないならば、それが理論ではありえないことは確かである。

（29）ウィトゲンシュタインはドゥルーリーとの会話のなかで、よく知られているように次のように主張した。「私は宗教的人間ではありません。でも、私はあらゆる問題を宗教的観点から見ざるをえないのです」（!）。*Ludwig Wittgenstein: Personal Recollections*, edited by Rush Rhees (Oxford: Oxford University Press, 1991), 94.

（30）最近出版された（二〇〇六年）ウィトゲンシュタインの姉ヘルミーネによる発言集のなかで、彼女は一九一七年の秋という日付のメモのなかで次のように書いている。「ルートヴィヒが言っている。「私には良心がある。私自身が良いと、あるいは悪いと考えるものを私は知っている。しかし、私には宗教はない。私はまた、なぜ私自身がなにかを良いと、あるいは悪いと考えているかはわからないし、私はそのことを問わない。というのも、この問いは単純に私のうちにはないからである［*diese Frage nicht in mir liegt*］」」。"*Ludwig Sagt...*" *Die Aufzeichnungen der Hermine Wittgenstein*, edited by Mathias Iven (Berlin: Panerga, 2006), 70.

宗教的信仰とはある一つの座標系を情熱的に受け入れる、といったことにすぎないように思われる。つまり信仰にすぎないのだが、それは実際には一つの生き方であり、一つの生の判断の仕方なのである。そういう解釈を情熱的に引き受けることなのだ。だから、ある宗教の信仰を教えこむということは、その座標系の描写とか、記述の形式であると同時に良心に語りかけるということ［*ein in's-Gewissen-reden*］でもあるにちがいないだろう。そして、この組み合わせによって結局、教えこまれた人自身が、自分の意志で、その座標系を情熱的にうけいれるようになるというわけだ。あたかもそれは、一方で、だれかが私に私が絶望的な状態にあることを知らせ、もう一方で、その救助策をしめしてみせるようなものである。そして、ついに私は、自分の意志で、少なくとも教師に手をひかれてではなく、その座標系におそいかかりそれを引きうけることになる[31]。

生の恐怖と死の恐怖

ローゼンツヴァイクによる、本質の探求――〈人間〉の本質にせよ、〈世界〉の本質にせよ、あるいはまさに〈神〉の本質把握の探求にせよ――にたいする激しい攻撃が驚きにたいする攻撃ではないことは重要である。ローゼンツヴァイクが書いているように、「もしも哲学がもっぱらこのような才能の問題、つまり驚きへの能力の問題であるならば、哲学の優越性への当然の主張に異議を唱えることはできない」(*Understanding the Sick and the Healthy*, 39)〔前掲『健康な悟性と病的な悟性』、一二三頁〕。

しかし、驚きは、どれほど広範囲にわたって(そして独特な仕方で)哲学によって洗練されようと、そもそも哲学に特有の活動ではないと指摘されている。それゆえ、今しがた私が引用した文章のすぐあとに、ローゼンツヴァイクはこう続ける。「かりにそのとおりだとしておこう。しかし、われわれの哲学者はどうして驚きについて知っているのか。それに加えて、彼はその言葉をどこから手に入れるのか。哲学をしない人類の残りの半分もまた驚かないのか。子どもの驚き? 未開人の驚き? 驚きは何百回も彼らを圧倒しないだろうか――哲学者よりもさらに頻繁に?」(39-40)〔前掲『健康な悟性と病的な悟性』、一二三頁〕。

「普通の」生活と呼ばれた途方もない事柄において、驚きは生そのものの流れのなかで生じ、溶解する。愛する者がお互いに驚くちょうどそのとき、「彼らの驚きの解答と解消は手元にある――彼らに降りかかった愛である。彼らはもはやお互いにとって驚きではない。彼らはまさに驚きの中心にいる」。また生は「死に直面して立ちすくむ――そして死を迎える。驚きは解消されてしまう。解決をもたらしたのは生そのものであった」(二つの引用はともに p. 40)〔前掲『健康な悟性と病的な悟性』

---

(31) Wittgenstein, *Culture and Value* (Chicago: University of Chicago Press, 1980), 64.〔『反哲学的断章』丘沢静也訳、青土社、一九八八年、一七一頁〕。

性』、一三頁〕。

ローゼンツヴァイクが語っているように、哲学者は生のプロセスや「驚きがもたらした無感動さの消滅」と呼ばれるものを受け入れることができない存在である。このような解放はあまりにもゆっくりやってくるのである。哲学者は「そのままで保存された彼の驚きが生の流れへと放たれることを許さない。当然、彼はみずからが立っている場所で、その「問題」に夢中にならなければならない。彼は力ずくで思考の「対象」と「主題」を生の流れから引き出し、その内部に隠れてしまう。驚きは立ち止まり〔強調はヒラリー・パトナム〕、その内省という静止した鏡のなかでいつまでも続けられる。それは主観のなかにある。彼は対象に十分夢中になり、それをしっかりと固定し、麻痺させ動けなくしてしまう。生の流れはなにか従順なもの――彫刻のように従わせられたものによって置き換えられた」(40–41)〔前掲『健康な悟性と病的な悟性』、一四―一五頁〕。

伝統的な形而上学の企てにたいする多くの批判者は、哲学者が架空の立場、時間の流れの外にある立場を探していることに注目してきた。哲学者は、まるで外部者であるかのようにすべてを、もっと言えば彼自身をも見ようとし、まるで世界のなかにいないかのように世界を見ようとするが、ただし「斜めから」世界を見ようとする、とジョン・マクダウェルは言っている。[32] この実在しない立場を流れの外、生の要求や時間の流れの外にある場所として描写することで、ローゼンツヴァイクはこの種の哲学が「生にたいする恐怖」(102)〔前掲『健康な悟性と病的な悟性』、一一三頁〕に由来することを示唆する。しかし、『健康な悟性と病的な悟性』の終わり、エピローグのちょっと前で、ローゼンツヴァイクはさらに深い診断を行う。

われわれは流れの外に歩みだしたいという願望とともに、生にたいする恐怖と取り組んできた。今やわれわれは理性の病が単に死を回避しようとする試みであったことを発見するかもしれない。満ち足りた生の流れのなかで硬直した人は、有名なインドの王子のように、彼を待ち望んでいる死を見る。こうして彼は生の外に歩み出る。もし生きることが死ぬことを意味するならば、彼は生きようとは思わない（102）〔前掲『健康な悟性と病的な悟性』、一二二―一二三頁〕。

もちろん生に直面する勇気、そして死に直面する勇気さえ求めることは若い健康な人間には容易である。しかし、よく知られているように、ローゼンツヴァイクは彼自身の実存哲学の要求をもっとも注目すべき仕方で実践するための能力を示した。『健康な悟性と病的な悟性』は一九二一年七月に完成した。はやくも一九二二年にはルー・ゲーリック病の最初の兆候があらわれ、そしてその年の終わりに彼はすでに書くことや話すことに困難をおぼえていた。数年のあいだに、彼は物理学者スティーブン・ホーキングと同じような状態――ほとんど体が麻痺し、まばたきによってコミュ

（32） *Mind, Value, and Reality* (Cambridge, Mass. : Harvard University Press, 1998) に再録された "Non-Cognitivism and Rule-Following," p. 207 を参照されたい。

ニケーションをとる状態になってしまった（彼の妻はアルファベットを声に出して言い、彼は自分が望んだ文字にまばたきをすることで単語をつづった）。しかし、このような状態で、彼はみずから創設した成人ユダヤ人を教育するための学校の知的指導者にとどまり、マルティン・ブーバーと一緒に聖書をヘブライ語からドイツ語へ翻訳し、そしてあふれるほどの魅力的な手紙と論考を生み出した――自信に満ち、最後の最後まで自分にたいする憐みから解放されていた手紙だったと言わなければならない！　ローゼンツヴァイクの生にたいする姿勢の評価は、いかにして彼がこのようなひどく不利な条件の下で、その姿勢を実現し、目いっぱい生を送ることを成し遂げたかを見ることによってのみ深めることができる。

新しい思考は「語る思考」である

私が先に主張したように、ローゼンツヴァイクが単に「反哲学的」ではなかったことは彼が別の個所で書いたものからも明らかである。むしろ、彼は異なる種類の哲学、彼が簡潔に「新しい思考」と呼んだ実存哲学を求めることに関心をもっていた。（彼が一九二五年に『救済の星』の目的と構造を説明するために書いた「新しい思考」というタイトルのエッセイで、ローゼンツヴァイクは自分自身に加えて、多くの同時代人を「新しい思考」の主張者としてその名をあげている。そのなかには、マルティン・ブーバー、フェルディナント・エープナー、ハンス・エーレンベルク、そしてヴィクトール・フォン・ヴァイツゼッカーが含まれていた[33]）。しかし、新しい思考は『健康な悟性と病的な悟性』の主題ではない――もっと正確に言えば、明らかにちがう。この小著が巧妙に描いているのは、ある宗教的な姿勢、すなわち〈人間〉、〈世界〉、〈神〉に関する、深遠ではあるが非教義《ドグマ》的な認識によって特徴づけられた姿勢である。青写真を提示することでこのことがなにを意味しているかを説明するのは、ローゼンツヴァイクの精神全体に反することになろう。けれども、ローゼンツヴァイクのユダヤ教について一言語る前に、私は彼がきわめてあざやかに風刺するような哲学に代わって、彼が推奨する哲学について一言二言述べておきたい。それゆえ、この節での私の引用は『健康な悟性と病的な悟性』からではなく、ナーフム・グラッツァーがフランツ・ローゼンツヴァイクの生涯と思想を「現前させる」ために集めた彼の手紙と著作のすばらしい選集から行われるだろう。(34)

---

(33) "The New Thinking" (190–208) in *Franz Rosenzweig : His Life and Thought*, 200 を参照されたい。この部分はグラッツァーが "Das Neue Denken," supplementary notes to *The Star of Redemption*. Rosenzweig, *Kleinere Schriften* (Berlin : Schocken Verlag, 1937), 377–398 を短縮し、翻訳したものである。完全な翻訳は Franz Rosenzweig, *Philosophical and Theological Writings*, translated and edited with Notes and Commentary by Paul W. Franks and Michael Morgan (Indianapolis, Ind. : Hackett, 2000), 109–139 である。〔「新しい思考――『救済の星』に対するいくつかの補足的覚書」合田正人・佐藤貴史訳、『思想』No. 1014、岩波書店、二〇〇八年十月、一九三頁〕

(34) *Franz Rosenzweig : His Life and Thought*.

「新しい思考」がローゼンツヴァイクの生涯の道筋とつながっていることはこれらの手紙や著作から明らかである。私は、ローゼンツヴァイクが大変な逆境のなかで示した冒険の勇気と意味を想起させたいだけではない。麻痺を引き起こした彼の病がはじまる前に、ローゼンツヴァイクは一九二〇年八月三十日付のフリードリヒ・マイネッケ宛に書かれた手紙のなかで[35]、大学の講師職の提案を断り、『健康な悟性と病的な悟性』だけでなく『救済の星』でも論じた姿勢を示している。

私が明確にしたい一つの事柄は、学問はもはや私の関心の中心をつかんでいないこと、私の生は私が気づいている「暗い衝動」の支配を受け入れたこと、そしてその暗い衝動を私は「わがユダヤ教」と単純に呼ぶことで名づけていることです。……『救済の星』を書いた人間は……『ヘーゲルと国家』[36]の著者とはまったく異なる能力をもっています。しかし、すべてが語られ、なされたとき、新しい本は——一冊の本にすぎないのです。私は本にいかなる過度な重要性も付け加えません。小さきもの——ときに「日々の要求[37]」と呼ばれるきわめて小さき事柄がフランクフルトでの私の立場において、私にもたらされました。私が言いたいのは……人々や状況との戦いが今や私の実存の核心になったことです。……今や私は私自身が問われていると感じたときにのみ問います。つまり、学者たちによってではなく人間たちによって問われていると感じたときにのみ。……人間によって問われた諸々の問いはますます私にとって大切なものになりました。

このような学者の問いと人間の問いのあいだの区別はローゼンツヴァイクの「新しい思考」の中心にあるものであった。これらの用語によってローゼンツヴァイクが計画したアプローチを概観する代わりに、私はいくつかの重要な部分をあげてみたい。

(1) 新しい思考は「語る思考」である。ローゼンツヴァイクがこの理念を説明しているように、「古い思考と新しい思考、すなわち「論理的」思考と「文法的」思考のあいだの違いは、[38] 一方が沈黙しているのにたいして他方が耳を傾けるという事実のうちにではなく、後者がもう一人の人間を

---

(35) この（かなり長い）手紙は、*Franz Rosenzweig: His Life and Thought*, 94-98 に省略せずにおさめられている。

(36) ローゼンツヴァイクの初期の本であり、ヘーゲルの政治哲学に関する学問的研究。

(37) ドイツ語圏のローゼンツヴァイクの読者は日々の要求という表現の出典をよく知っているだろう。Johann Wolfgang Goethe, *Spruche in Prosa* (Stuttgart: Verlag freies Geistesleben, 1999), §611. 「しかしきみの義務とはなにか。日々の要求?"Was aber ist deine Pflicht? Die Forderung des Tages?"」〔ゲーテの格言集は最初、一八七〇年に出版され、*Maximen und Reflexionen* というタイトルでも出版された〕。

(38) ウィトゲンシュタインが哲学的問題を解決するために「論理」を探究することと、彼の考察を「文法的」問題とみなすことを区別するときに導入しているまさにその用語をローゼンツヴァイクが使っていることは驚きである（*Philosophical Investigations*, とくに§108と§122を参照されたい）〔前掲「哲学探究」『ウィトゲンシュタイン全集8』、九八—九九頁、一〇三—一〇四頁〕。

必要とし、時間を真剣に受け取るという事実のうちにある――実際には、この二つのことは同じである。古い哲学において、「思考」が意味するのは他のだれかのための思考ではなく、他のだれかのために語っているのではないということである（そして、ここでもお望みならば、あなたは「万人」あるいはよく知られている「不特定の人」を「だれか」の代わりに用いるかもしれない）。しかし、「語ること」が意味するのは、だれかに向かって語ることであり、だれかのために思考することである。そしてこのだれかはつねにまったく特定のだれかであり、彼は「不特定の人」と同じように耳だけでなく、口ももっている[39]」。

　ローゼンツヴァイクがこれによって意味しているのは次のことである。もう一人の人間存在という生きた哲学的あるいは神学的問題との活動的な関わり、つまり彼が「語る思考」と呼ぶもののなかでは、語る者は前もって彼がなにを言うかは知らない――あるいは実際、なにかを言うかどうかを知らない。「語ることは時間に結びつけられ、時間によって育まれる。語ることはこのような要素を放棄することもできないし、放棄しようと欲することもできない。語ることはそれがどこで終わりとなるかを前もって知らない。語ることは他者からそのきっかけを与えられる。事実、他者が物語に耳を傾ける者であれ、あるいは対話の過程で応答する者であれ、合唱に参加する者であれ、語ることは他者の生活によって生きることである[40]」。同じ箇所で、ローゼンツヴァイクはプラトンの対話篇を大胆にも批判する。というのも、その対話篇のなかでは、「思想家は彼の思想を前もって知っている」からである。さらに他者は、著者が自分自身で想定した異論を提起するだけである。

「こういうわけで大多数の哲学的対話――そこにはプラトンのほとんどの対話篇も含めて――はきわめて退屈である。現実の会話ではなにかが起こる」。

(2) 哲学だけでなく神学もまた人間化されなければならない。「神学的問題は人間の事柄へ翻訳され、人間の問題は神学の領域へともたらされる」(41)。

(3) われわれは「計画」ではなく「準備」を必要とする。ローゼンツヴァイクが彼のライフワークをなすために着手した課題、もっとも真剣な意味における彼の「使命感」は、まさに西洋、ヴァイマール・ドイツにおいて有意味なユダヤ的生活を復興することであった。そこではユダヤ人は彼らのユダヤ性を急速に忘れてしまっていたのである。彼はこの復興が非教義《ドグマ》的であることを望んだが、彼の使命感は深く宗教的であったにもかかわらず、彼は宗教的にも世俗的にも、ユダヤ的学習のあらゆる形式を復活させようとした。これこそ彼が「無制限の」重要性をもつものと考えた課題である。なぜなら、それは宗教的ユダヤ人にとって、人間と神のあいだの「橋」を守るという永続的な課題の一部だからである(そして、「橋」のイメージは啓示にたいするローゼンツヴァイクお気に入りのメタファーであり、それを彼は先行するプロセス、宗教的に生きられたそれぞれの生の

(39) "The New Thinking," in *Franz Rosenzweig: His Life and Thought*, 200.〔前掲「新しい思考」、一九二頁〕。
(40) Ibid., 199.〔同書、一九一―一九二頁〕。
(41) Ibid., 201.〔同書、一九四頁〕。

なかで起こるなにかとして解釈している）。同時にそれは、ある特殊な歴史的モーメントのための課題である。これら両方の局面について述べながら、ローゼンツヴァイクは次のように書いている。

限界づけられた範囲を意図されたものは、限界づけられてはっきりと輪郭を描かれた計画に従って実行される――それは組織することができる。無制限のものは組織化によっては達成されえない。遠くにあるものは現在においてもっとも近くにあるものを通してのみなし遂げることができる。どんな「計画」もはじまりで間違っている――なぜなら単にそれは一つの計画だからである。最高の事柄は計画することができない。最高の事柄にとっては準備がすべてである。準備はわれわれがわれわれのうちなる個々のユダヤ人、われわれが狙っている個人に提示できる事柄である(42)。

さらに次のように加えている。

最初の優しい意思の一押しだけを――「意思」はおよそ強すぎるほどの言葉である――その最初のまったく優しい一押しをわれわれがみずから自身に与えるのは、世界の混乱のなかでわれわれが静かに「われわれユダヤ人」と語り、その表現によって、古い格言に従えば、あらゆるユダヤ人を他のあらゆるユダヤ人に責任があるとする永遠の誓約へとみずから関わるときである。かつて次のように言われたことは単なる決意以上のものとはみなされない。「ユダヤ的なものは私にとってなんら異質なものではない」――そしてこのことは、それ自体ではとても決心ではなく、自分自身を振り返り、自分自身の内側を見る小さな衝動を越えるものでもまったくない。それぞれが見るであろうものを、だれがあえて予測するだろうか。

聖なるものと世俗的なもの

『健康な悟性と病的な悟性』において、聖なるものは単純に世俗的なものと対立しないという理念は、ユダヤ教の祝祭日が仕事日との対立のなかで考えられることを否定するものとして表現される。われわれはこのことを「後療法」（第九章）と題された章で見るが、彼はこう書いている。「仕事日がその定義を受け取るのは祝祭日を通してである。生活の真剣な側面が今や芸術の喜びにおきかえられるように、われわれは平日の世界とはまったく異なるなにかに関わっているのではないことをおぼえておかなければならない」（96）〔前掲『健康な悟性と病的な悟性』、一一四頁〕。

ローゼンツヴァイクにとってユダヤ教の祝祭日、祭りや断食の重要性はまさに、それらを遵守す

（42） “On Being a Jewish Person,” in *Franz Rosenzweig : His Life and Thought*, 222. この部分（214–227）はナーフム・グラッツァーによる *Bildung und keine Ende*, an open letter on education, *Kleinere Schriften*, 79–93 の一部の翻訳である。

る者を全体としての生に関係づける能力のうちにある。「祝祭日は例外的である限りにおいて、単に仕事日を明確にする。祝祭日にとってより高次の内容は存在しない。祝祭日は仕事日に欠けていることを求めないし、仕事日が認めることのできないことを知らない。とはいえ、祝祭日は仕事日が部分的に折に触れてのみ表現することを、明確にそして全体的なものとして話題にする。神、人間、そして世界は祝祭日の内容であり、完全に日常的なあり方のなかにある」(96)〔前掲『健康な悟性と病的な悟性』、一一四頁〕。

まさに次の文章が大変美しい仕方でローゼンツヴァイクの姿勢を表現している。

祝祭日は健康な仕事日と同じように、神、人間、そして世界がなん「である」かを知らない。祝祭日はそれらの「本質」には異議を唱えられない。祝祭日は隔絶した神も、孤独な人間も、周りを囲まれた世界も知らない。神、人間、世界は祝祭日のために不断に動いている。神、人間、世界は移行し、その三つはつねにつながり、織り交ぜられ、ばらばらになる。願うことと受け取ること、受け取ることと感謝することという動きは絶え間なく続く。人間が請い、神が与え、世界が受け取り感謝する――それから、人間があらためて請う。死んだ時期も、単に局所化された振動もここには存在しない。プロセスは連続していなければならない。祝祭日は三つの要素のどれひとつとしてばらばらにしようとすることはできない。祝祭日は、ドラマのような見世物なしになされなければならない。というのも、不幸にもドラマは単なる見世物のままだからである。

しかし、『救済の星』のなかにはもう一つの局面、すなわち『健康な悟性と病的な悟性』、それどころかのちのほとんどすべてのローゼンツヴァイクの作品にはあらわれない局面がある。[43] この局面は、ローゼンツヴァイクが気づいているよりもはるかにヘーゲル的である。事実、それは以前の彼のヘーゲル主義の名残りだと私には思われる。それは二つの、たった二つの宗教――ユダヤ教とキリスト教――だけが真の意義をもっているという考えである。それどころか、彼はその二つの宗教に形而上学的な意義を与えていると言えるかもしれない。

『救済の星』のもっとも不幸な局面は事実、この二つを除いた諸宗教に関する論争的な主張――イスラーム、ヒンドゥー教などにたいする軽蔑など――である。ローゼンツヴァイクが『救済の星』のなかで行っていることは、「世界史的」宗教というヘーゲル的理念を維持することであり、それどころかキリスト教はとくに優れた唯一の世界史的宗教、「異教的」人類に有神論をもたらし、ユダヤ教とは対照的な新しい形而上学的運命――唯一の「非歴史的な」宗教であるという運命――を考案することが宿命づけられた宗教だと議論することである――その非歴史的とは、けっして変化し

(43) 私はローゼンツヴァイクがこのような彼の思考の局面についてみずからの意見を変えたと示唆しているのではなく、この局面が彼の心を奪うことをやめたのだと単に示しているつもりである。

ないという意味での非歴史的ではなく、ある形而上学的な仕方で変化が「真の」変化ではないという意味において非歴史的なのである。実際には、ローゼンツヴァイクがそのようなやり方に異を唱えるのと同じように、それはまるで変化しないユダヤ教の本質があるかのようであった。実際には、「世界史的」宗教であるキリスト教は「非歴史的な」ユダヤ教の真理にたいする証言なのである。

もっともよい瞬間にローゼンツヴァイクが本質主義と歴史主義を見事に攻撃したことを考えると、私はこの『救済の星』の局面を憂鬱に感じるし、この局面が『健康な悟性と病的な悟性』に完全に欠けている（そして彼ののちの著作からほとんど姿を消している）という事実を感謝すべきことだと思う。

とりわけローゼンツヴァイクは、非教義《ドグマ》的で多元的なユダヤ教の復興を促進しようとした。彼はわれわれがつねに神の現在のうちにあることを、本質的にはほんの一つの戒律、神を愛しなさいという戒律[44]、そして祈りのうちで求めるべき唯一の事柄、すなわち勇気と確信をもって「小さきもの——ときに日々の要求と呼ばれるきわめて小さき事柄」と出会うための強さがあるということを教えようとしたのである。

（44）「神がみずからに身を開いている魂に語る最初の言葉は「私を愛せ」である」。*The Star*, 177.〔前掲『救済の星』、二七〇頁〕。私は次章でこの言葉によってローゼンツヴァイクがなにを意味しているかを議論したい。

2 ローゼンツヴァイクの啓示論とロマンス

私が第一章で引用したエッセイ「新しい思考」のなかで、ローゼンツヴァイクは（四年前に出版された）『救済の星』の構造と目的について貴重な情報を提示している。[1] ローゼンツヴァイクは、『救済の星』が難解な書物であることを十分わかっていた。しかし、彼は読者が直面する困難の一部はあらゆる重要な哲学的著作にとって普通のことであると考えている。彼は、このエッセイのなかで次のように説明している。[2]

（1） 私が用いている版は以下のものである。Franz Rosenzweig, *The Star of Redemption* (Notre Dame, Ind.: Notre Dame Press, 1985), translated from the 2nd edition of 1930 by William W. Hallo.

（2） 「新しい思考」の唯一の完全な英訳であり、私が本章で引用するのは以下の本のなかにある。Franz Rosenzweig, *Philosophical and Theological Writings*, translated and edited with Notes and Commentary by Paul W. Franks and Michael Morgan (Indianapolis, Ind.: Hackett, 2000), 109–139.

読者は哲学的な書物の最初のページに特別な尊敬の念をもって出会う。読者は、この最初のページがのちに展開されるすべてのものの基礎であると信じている。その結果、読者はまた、全体を否定してしまうためにはこの最初のページを論破すれば十分だとも思う。カントが『批判』のはじめで展開したような形式における空間と時間の理論に途方もない関心が向けられるのもそのためである。その『論理学』における最初の三つの段階についてヘーゲルを「否定」しようとし、その諸定義についてスピノザを「否定」しようとする滑稽な試みが生まれるのもそのためである。[3] そこからまた、哲学的な書物を前にした「一般読者《ジェネラル・リーダー》」［ローゼンツヴァイクはここで英語を用いている］のお手上げ状態も生じる。読者は最初のページが「とくに論理的」であるにちがいないと思い、それを、後の文が前の文にそのつど依存していることと理解する。その結果、有名な一つの石が引き抜かれると、「全体が崩壊してしまう」。実際には、これほど哲学的な書物にあてはまらないことはどこにもない。そこでは一つの文はその前の文からではなく、むしろその後の文から帰結することがある。もし一つの文あるいは一つの段落も理解しなかった者が、理解できなかったことをなにも後に残してはいけないという誠実な信仰をもって、それを何度も読み、それどころかもう一度最初から読みはじめるとしても、彼にはほとんど役に立たないだろう。哲学的な書物は、征服されざる砦を背後に一つも残してはならないと考える旧体制的戦略を否定する。哲学的な書物は、ナポレオン的な仕方で征服されることを望む。この戦略は、敵の主力へと勇敢に突進し、勝利の暁には国境の小さな数々の要塞は勝手に陥落してしまっているだろう（112-113）〔前掲「新しい思考」、一八〇―一八一頁〕。

とはいえ、「新しい思考」における『救済の星』の構造に関するローゼンツヴァイクの説明は、一読しておのずと『救済の星』のそれぞれの文章を徹底的に、それどころか各段落を理解しようとする「旧体制的」戦略がなぜうまくいかないのかの追加的理由を明らかにしている。というのも、『救済の星』の第一部の全体が自己の土台を掘り崩すような意図をもっているがゆえにうまくいかないのであろう。しかし、この側面は第一部の読解を終え、第二部へと進み続けるまで理解されない。「新しい思考」がわれわれに告げているように、「［『救済の星』の第一部において］語られていることは、古い哲学を背理にいたるまで突き詰める（*reductio ad absurdum*）と同時に、古い哲学を救済すること以外のなにものでもない」（114-115）〔前掲「新しい思考」、一八二頁〕。こうしてローゼンツヴァイクは「この明白なパラドクス」を解説するが、その説明は『健康な悟性と病的な悟性』を読んだ読者を驚かせはしないだろう（ローゼンツヴァイクの同時代の読者がそうではなかったように[4]）。

（3）今日では次のように付け加えることができるかもしれない。「そして、ウィトゲンシュタインが想定した『哲学探究』の最初の段落に関する意味の理論を「否定」しようとする滑稽な試み」。

（4）『健康な悟性と病的な悟性』はローゼンツヴァイクの存命中に出版されなかった。

その説明とは、第一部はローゼンツヴァイクがその限界とみなすものを押し進める古い哲学が、『健康な悟性と病的な悟性』における三つの「山」――世界、人間、神――を他の二つから抽象的にそれぞれ考察し、そして本質を探究することである。その探求は挫折を余儀なくされる。ローゼンツヴァイクが『健康な悟性と病的な悟性』の言葉ときわめて近い位置にある言葉でこう説明している。

あらゆる哲学は「本質」を問うた。あらゆる哲学はこの問いによって、健康な人間悟性の非哲学的な思考からみずからを区別する。というのも、後者は事物が「本来的に」[*eigentlich*]なんであるかを問わないからである。健康な人間悟性の非哲学的な思考はイスがイスであるのを知ることで満足する。この思考はイスが本来[*eigentlich*]まったく別のなにかであるかどうかなどとは問わない。哲学は本質について問うとき、まさにこれを問う。世界は世界であってはけっしてならないし、神は神であってはけっしてならないし、人間は人間であってはけっしてならず、むしろすべてのものは「本来的に」まったく異なるなにかであらねばならない。もしすべてのものがほかのなにかではなく、現実的にすべてのものが存在するだけであるならば、最終的に哲学は――とんでもない、そんな馬鹿な!――余計なものになるだろう。少なくとも、絶対的に「まったく異なる」なにかを探し出そうとするかもしれない哲学は。(115)〔前掲「新しい思考」、一八二頁〕

もし、背後にあって、われわれに人間、世界、神の三つの概念のどれか一つを使わせるような一つの「本質」――「異なる」語で表現される一つの本質――の探究が「古い哲学」の重大な探し物であったならば、そしてその探究全体が誤った方向へと導かれるならば、哲学は終焉を迎えてしまうのだろうか。

実際のところ、あらゆる哲学することの最初で最後の対象である、これら三つの対象「人間、世界、神という概念」は、望むかぎり皮をむくことができる玉ねぎである――人はくり返し「まったく異なる」なにかではなく、玉ねぎの皮に出会うだろう。思考だけが、小さな言葉「で（が）ある」の変化させる力によって必然的にこれらの誤った道に入っていく。経験は、どれほど深く食い入ろうとも、人間のなかには人間的なものだけを、世界のなかには世界性だけを、神のなかには神性だけを発見する。そして、神のなかにのみ神性を、世界のなかにのみ世界性を、また人間のなかにのみ人間的なものを発見する。*Finis Philosophiae?*[5] もし哲学が終焉を迎えるならば、哲学にとってますます困ったことであろう！　しかし、私はそれが大変悪い結果を招くとは思わない。むしろ、哲学が確実にその思考とともに終わりを迎えるこの点で、

（5）ラテン語。「哲学の終焉？」

経験する哲学ははじまることができる。いずれにせよ、これが拙著の第一巻［すなわち、『救済の星』の第一部］の要点である（116–117）〔前掲「新しい思考」、一八三頁〕。

ここにわれわれはわれわれわれの問いにたいする答えをもっている！　哲学は終焉を迎えるのではなく、新しい種類の哲学、「経験する哲学」（これをローゼンツヴァイクは「物語る哲学」とも呼んでいる）が求められているのである。「第二巻の［すなわち、第二部の］方法は物語の方法……でなければならないだろう。シェリングはその独創的な断片『世界時代』への序言のなかで、物語る哲学を予告した。［第二部は］この哲学を提示しようとしている」（121）〔前掲「新しい思考」、一八八頁〕。ローゼンツヴァイクが彼の偉大な書物の「核」として描いているのは第二部の「物語る哲学」である。(6)

ローゼンツヴァイクが「物語る哲学」への要求を説明するとき、彼はふたたび人間とはなん「である」のか、世界とはなん「である」のか、そして神とはなん「である」のかを語ろうとする「古い哲学」の習慣を酷評することからはじめ、（もちろん）「まったく異なる」仕方で（そうでなければ、哲学者の主張は平凡なものになってしまうだろうと哲学者は考える）それをはじめる。

物語ることとはいったいなにを意味するのか。物語る者は、「本来的に」［*eigentlich*］どうであったかではなく、むしろどのように現実的に生じたかを語ろうとする。……語り手は、本来的にまったく異なるものであったことを示したいのではけっしてない——それを目指すのは、まさに無能で、概念に夢中になっていたり、あるいは人騒がせな歴史家の基準である。むしろ、語り手は——あらゆる口を通じて三十年戦争や宗教改革のような概念あるいは名前として存在する——これこれのものが実際いかにして起こったかを示そうとする。

すなわち、時間は語り手にとって完全に現実的になる。……本質は時間についてなにも知ろうとしない。いまや順番に「『救済の星』の第二部において」単に重要になるだけでなく、伝えられるべきだと考えられる本当に重要な事柄がある。時間はそれ自体ですでに私が最初に語った新しい思考である。たとえば、もし古い思考が神は超越的か内在的かという問題に取り組むならば、新しい思考はいかにして、そしていつ神が遠き神から近き神へ、そしてふたたび近き神から遠き神へなるかを示そうとする（121-122）〔前掲「新しい思考」、一八八—一八九頁〕。

しかし、ローゼンツヴァイクの「いかにして、そしていつ」とは、われわれが見るように、原理主義的な意味であることは意図されていない。彼が『救済の星』の第二部で提示する物語が文字通

（6）『救済の星』の第三部はまさに二つの宗教、ユダヤ教とキリスト教の特別な意義に関するローゼンツヴァイクの見方を展開している。前章で、私はこのような見方には共感しないことを示したし、本章ではこの二つの宗教を議論するつもりはない。

りに受け取られるべきでないのは、ニーチェの『ツァラトゥストラはかく語りき』の「物語」がそうであるのと同じである。ローゼンツヴァイクが行おうとしていることを説明するために、彼の「物語る哲学」に付随するきわめて特殊な散文に注目する必要がある。

ローゼンツヴァイクの散文

キルケゴール、さらに詳しく言えば、ニーチェあるいはエマーソンの散文と同様に、(彼のすべての著作における)ローゼンツヴァイクの散文は読者を著者との対面、すなわちそこで読者が深く変容するような対面へと導くことを意図している。この意味において、ローゼンツヴァイクの散文は実存的な散文である。実存的な散文の本質とは、何度も読まれなければならないことである。私が議論してきたエッセイのなかで、ローゼンツヴァイクがわれわれに告げたように、人が読む文章は最後まで(理想的な読者の場合、何度もの読書のそれぞれ最後まで)読むと、まったく異なる意味を得るだろう。ある意味でローゼンツヴァイクは不可能なことを、すなわち彼が「語る思考」と呼ぶような種類の対面的な会話だけが実際に成し遂げることができるものを、書くことで行おうとしている。

ローゼンツヴァイクの散文は実存的な散文であるだけでなく、もちろん宗教的な散文でもある。それどころか、それは啓示的な著作である。[7] ポール・フランクスが指摘しているように、ローゼンツヴァイクは――ドイツの『ユダヤ教百科事典』における神人同型論を扱った項目への簡潔ではあるが決定的に重要な一九二八年の応答において――、実際、すべての言説は誤った基礎に基づいて伝えられていたと論じている。ホメロスの詩を神についてのわれわれの話として特徴づけることは正しいかもしれない。しかし、ヘブライ語聖書――タナーハ――をそのような仕方で特徴づけることは不正確であろう。なぜならタナーハは根本的に啓示だからである。それは神についての人間の言葉ではなく、むしろ人間にたいする神の言葉である。すなわち、「神学的経験は……まさにこのことと共通点がある。言い換えれば、神学的経験は出会いの経験であり、世界の経験のような客観的種類の経験ではなく、人間のあいだの経験のような両者の混合ではない。それゆえ、ここで経験の範囲の内部にとどまるために、人は神あるいは人間についての何事かではなく、両者のあいだの出来事についてのみ主張しようとする(8)」。

(7)　私は、フランクスの用語である啓示的な発話にならって啓示的な著作という用語を造った。フランクスは啓示的な発話を「人間という発話者が神的啓示の宛先であると主張し、それを前提とする言語の使用」と特徴づける。引用はポール・フランクスの次の論文からである。Paul Franks, "Revelatory Speech and Everyday Speech in Rosenzweig and Wittgenstein," *Philosophy Today* (Spring 2006) : 24-39.

(8)　Rosenzweig, "A Note on Anthropomorphisms in Response to the *Encyclopedia Judaica*'s Article," in Rosenzweig, *God, Man, and World : Lectures and Essays*, edited and translated by Barbara E. Galli (Syracuse, N.Y. : Syracuse University Press, 1998), 138.

ローゼンツヴァイクの啓示理解

ローゼンツヴァイクの啓示的な著作を理解するために、こうしてわれわれは「両者のあいだの出来事」としての彼の啓示概念についていくらか知らなければならない。ローゼンツヴァイクが啓示について書くとき、彼は明らかに秘書としての人間にたいする神の文字通りの命令というモデルはとらない。他方で、ユリウス・ヴェルハウゼンの「文書仮説」は彼を戸惑わせないし、ほとんど彼の興味も引かない(9)。むしろ、ローゼンツヴァイクは宗教の科学的説明――心理学的であろうと、社会学的であろうと、歴史学的であろうと――が、実践的ユダヤ人の宗教的生活にとって重要であり、そうあるべきだという考えを拒絶する。「学院の語り手たち」――彼がその創設者の一人であった自由ユダヤ学院の指導者たち――への手紙のなかで、彼は次のように書いた。

ちょうどウィリアム・ジェイムズの学生があらゆる「宗教的経験」を宗教心理学の正しい分類棚へおく方法を知っているように、またフロイト主義の学生が経験を使い古されているがつねに新しい物語の諸要素へ分解できるように、ヴェルハウゼンの学生はあらゆる戒律を人間の民俗学的起源にまで遡らせ、そしてマックス・ヴェーバーの学生はそれを民族の特殊な構造にまで遡って調べるだろう。われわれは戒律をそれとは異なる仕方で知っている。いつでもどのような事柄においてもそうであるわけではないが、何度もくり返し知っている。なぜならわれわれは――われわれが行動するときにのみそのことを知っているからである。[10]

ローゼンツヴァイクは、彼が異議を唱えるのはそのようなあらゆる説明の真理ではなく、その説明の宗教的意義であることを強調する。[11] すなわち、「われわれが行動するとき、われわれはなにを知っているのか。これらのあらゆる歴史学的で社会学的な説明が誤っているということではまったくない。しかし、行動の光のなかでは、われわれが律法の現実性を経験する正しい行動のなかでは、その説明は表面的で副次的な重要性しかもたない」。

ローゼンツヴァイクは啓示が過去に生起し、神は人類に介入してきたが、啓示の歴史性はある特殊な「テクスト」の歴史性を意味しないと信じている。しかし、このように語っても、ローゼンツヴ

（9）ユリウス・ヴェルハウゼン（一八四四―一九一八）はドイツの聖書学者。彼の「文書仮説」はモーセ五書の近代的理解のはじまりを画した。その理解によれば、モーセ五書はモーセによってある時代にすべて書かれたのではまったくなく、むしろ何世紀ものあいださまざまな著者の著作を編集してできた一つの作品ということになる。

（10）この手紙は次の著作のなかにおさめられている。*Franz Rosenzweig : His Life and Thought*, 2nd edition (New York : Schocken Books, 1953, 1962), edited by Nahum Glatzer, 242–247. 私の引用は二四四―二四五頁からである。

（11）Glatzer, 245.

ァイクの概念がなにであったかを積極的に語ることにはならず、彼の概念を否定的に特徴づけているにすぎない。ところがまさにわれわれが見たように、ローゼンツヴァイクは積極的な概念は伝統的な哲学的エッセイの形式ではなく、「物語の形式」でのみ示されると信じている。そしてローゼンツヴァイクが『救済の星』の第二部でわれわれに提示しているのは一つの特殊な「物語」である。

第四章で説明するように、私もまたレヴィナスの倫理的哲学のうちにある種の隠された物語を見る。われわれ各人が他者にたいして「私はここにいます」と語ることを学ばなければならないと、レヴィナスがわれわれに告げるとき、彼の「私はここにいます」は実際アブラハムの *hineni* をモデルとしている。その *hineni* は神がアブラハムの愛しい息子イサクを犠牲にするようアブラハムに要求するとき、アブラハムが神にたいして言ったことである（そして、逆説的に、彼らが *Akedah*［「イサクの奉献」］の途上で、アブラハムがイサクに語ることでもある）。

ローゼンツヴァイクにとって、アブラハムが神にたいして *hineni* と語る瞬間は、重要なモデルとして役立っているように私は思う。こういった事例の手がかりは、『救済の星』の一七六頁に見つけることができる[12]。たしかにアブラハムという名前はその頁にはない。外見上は一七五頁から一七六頁に創世記の第三章に関する黙想がある。ローゼンツヴァイクは次のように書いている。

> 人間は「男」［ヘブライ語でアダム］というかたちをとっている。それを行ったのは女性であり［アダムの弁明、『創世記』第三章一二節］、とくに彼女は男に与えられたようなかたちをと

っている女である。そして、彼女は責任を最後の〈それ〉に転嫁している。すなわち、その責任は蛇にあるのだと。魂は〈私〉と答える前に、〈君〉を求める単なる問い以上に強力な呪文で呼び出されたいと願う。あいまいな〈君〉は単に指示するだけであり、[13]それゆえ〈君〉は女や蛇といった単なる指示による応答しか返ってこなかった。その場所は呼格、直接的な呼びかけによって占められ、人間は基体化へのどんな逃げ道も断たれてしまう。人間という一般的概念は女あるいは蛇の背後に逃げ込むことができる。このような〈君〉の代わりに、呼びかけは逃れようのないもの、端的に特殊なもの、概念を欠いたもの、[14]定冠詞と不定冠詞という二つの冠詞の支配圏を越えているなにか——特殊ではっきりしない摂理の対象にすぎないにせよすべての事物を包括している領域——、すなわち固有名詞へと向けられている。固有名詞とは言ってもまだその人自身の名前ではまったくなく、人間が恣意的にみずからに与えた名前［「アダ

(12) Franz Rosenzweig, *The Star of Redemption* (Notre Dame, Ind.: Notre Dame Press, 1985).〔前掲『救済の星』、一七六頁〕

(13) ここで英訳は *deictic* という用語を用いているが、今では指示する機能をもつ（これ、あるいはあれ、のような）語といったまれな意味しかなく、その指示内容はコンテクストによって決められている。私は *deictic* を *referential* に置き換えた。

(14) ここにわれわれは特殊なものと概念的なものの同一性というヘーゲル的な学説の拒絶、つまりローゼンツヴァイクがヤコービとシェリングに従う拒絶を見る。

ム」」ではなく、神みずからが人間のために創造した名前である。そしてそれはもっぱら創造者の創造物としてのみ、人間のものなのである。神の「〈君〉はどこにいるのか」［『創世記』第三章九節］にたいして、いまだ人間は反抗的で頑なな自己として沈黙したままであった。今や聞き逃しようのない最高の明瞭さで、二度にわたって、みずからの名前で呼びかけられて、人間はすっかり身を開き、すっかり覚悟を決め、心からこう答える。「私はここにいます」。〔前掲『救済の星』、二六七―二六八頁〕

しかし、ローゼンツヴァイクは読者にいたずらを仕掛けている。神は『創世記』第三章で二度にわたってアダムを呼んではいないのだ！　アダムは「私はここにいます」とは答えていない！　とはいえ、神は『創世記』第三章では一度アダムを呼び、『創世記』第二二章一節ではアブラハムを呼んでいる。そして、アブラハムは *hineni*、「私はここにいます」と答えるのである！　ここでローゼンツヴァイクは二つの呼びかけをアダム、すなわち人間の生における二つの出来事として、そしてアブラハムの *hineni* をアダムの真の応答、すなわち「すっかり身を開き、すっかり覚悟を決め、心から」の答えとして語っている。

シャバットごとに伝統的なユダヤ人は〈起立の祈り〉［アミダー］の短縮ヴァージョンを朗誦する。伝統的なユダヤ人は一週間のうち残りの六日間、最大十八の――いまでは十九の――祝福の祈りを朗誦する。両方のヴァージョンにおいて、最初の祝福の祈りは「祖先の慈愛［*zeher hasdei avot*］をよくおぼえ、愛をもって、子孫の子孫にいたるまで、御名にかけて救い出してくださるお方です。主は私たちの王、助け主、救い主にして守りの盾であられます。アブラハムの盾なる主が、たたえられますように」という言葉を含んでいる。

伝統的なユダヤ教の中心的教義のいくつかを要約しているこのはじまりの礼拝において、神が父祖たちの愛（あるいは、文字通り彼らの慈愛 *hasdei avot*）をおぼえているものとして描かれていることがわかる。加えて、神は愛をもって救済者をもたらしてくださるお方であろう（あるいは、より文字通りに言えば、もたらしているお方）と言われている。ここでは、神と祖先やその「子孫の子孫」との関係は愛の関係として描かれている。

たしかに神は他の理由でもわれわれをおぼえている。神は、彼の契約を忠実に守ってくれるとくり返し語られている。すなわち、神は約束を破ったり、あるいは契約を破棄するような神ではない。またトーラーにおいては、たとえ神がユダヤ民族を罰するとしても、神は彼らを忘れたり、もしくは彼らを完全に絶滅させることはないだろうと伝えられている。しかし、神がユダヤ民族を愛し、そして神が「祖先をおぼえている」という理念は興味深く、また「合理的な」観点からすれば、決定的に奇妙なものである。神はまさにはじめから「全世界の神」として描かれているが、いわば個別の民族と恋に落ちた者として描かれる。さらにこの愛の出来事はその民族のある特別な祖先、すなわちアブラハムとともにはじまったようである。

そのうえ、神は「祖先の忠実な行い」をおぼえていると語られており、それはもちろん、とくにアブラハムの忠実な行いを意味しているのだが、それにもかかわらず、神はアブラハムがその忠実な行い（あるいは複数の忠実な行い）を示す前に、アブラハムを選んでいたように思える。まさに一人の人間としての愛する者が、なぜ彼あるいは彼女が恋人と恋に落ちたのかをめったに語ることができないように、愛された者の特質を確信する前に神は恋人と恋に落ちていたかのようである。（ここで私はウィリアム・ジェイムズが「哲学屋の品物」、つまり哲学者たちの神だと語った神のイメージを無視しているし、単純に『創世記』における物語的な言葉づかいで描写されたような神に焦点を当てている）。アブラハムの家系というありのままの事実を別にすれば、われわれがアブラハムについて聞いたまさに最初の事柄は、『創世記』第一二章一節のなかにある――「主はアブラハムに言われた［彼はまだアブラハムという名に改めていなかった］、「あなたは生まれ故郷、父の家を離れて私が示す地に行きなさい」」。そして物語は次のように続く。「私はあなたを大いなる国民にし、あなたを祝福し、あなたの名を高める。祝福の源になるように。あなたを祝福する人を私は祝福し、あなたを呪う者を私は呪う。地上の氏族はすべて、あなたによって祝福に入る」（『創世記』第一二章二節）。

おそらく神自身は、ときどきこの愛が賢明であったかどうか自問した――少なくとも、神はアケダーという厳しい試練でもってアブラハムを「試した」（そしてアブラハムは *hineni* と語った）と伝えられている。しかし、その試練は何年も経った後にやってきた。ちょうどなぜモーセが選ばれたのかが伝えられていないように、その場合われわれは少なくとも彼の以前の行為において明らかにされたようなモーセの性格についていくらか伝えられていた（あるいは示されていた）にもかかわらず、なにが神をしてアブラハムとの「恋に落ちさせた」のかは伝えられていなかった。（また神がサラに示した偉大な恩恵から判断すれば、彼女との恋もそうである）。『救済の星』における啓示の章（第二部第二巻）の物語に浸透しているのは、このような愛する者としての神のイメージである。

もしわれわれがローゼンツヴァイクの哲学的神学におけるアブラハムの立場にあるならば、少なくとも最初からそれは――「すっかり覚悟を決めた」立場であろうとも――受動的な立場であり、まったき〈他者〉である一なる存在の愛に直面し、圧倒されている立場である。『救済の星』の第二部における「物語る哲学」の全体が愛の出来事の物語、すなわち神と神を受け入れようとする人間の魂のあいだの愛の出来事の物語を伝えている。

神は、われわれのうちのすべてではないけれども、各々にたいして「私を愛しなさい」という声に耳を傾けることを告げている。これこそ、われわれが神から受け取る唯一の戒めであるとローゼンツヴァイクはわれわれに語っている。しかし、愛は命令されうるのか。ローゼンツヴァイクの答えを読んでみるのも無駄なことではない。

たしかに愛は命令されえない。いかなる第三者も愛を命じたり強要したりはできない。いかなる第三者にもそれは不可能だ。だが、ただ一人だけはそれができる。愛の命令は愛する者の口からのみ発せられうる。愛する者のみが「私を愛せ！」と語ることができるし——実際にそう語りもするのである。愛の命令は、それが愛する者の口にのぼるときには、よそよそしい命令ではない。それは愛そのものの声にほかならない。愛する者の愛は、命令以外にみずからを表明する言葉をもたない。（176）〔前掲『救済の星』、二六八—二六九頁〕

もしわれわれが愛された者の役割を引き受け、そして神の愛に返答するならば、重要な事柄が生じるが、それはローゼンツヴァイクが救済として描くものと関係がある。神によって愛された者になった魂は「結婚」（203）を強く望むようになる。しかし、「結婚」は単に神との「内的な」関係の外にある関係を含むような責任を引き受けることに関わる。このことを説明するために、私はローゼンツヴァイクが魂が直面する最大の危機とみなしているものについて一言語らなければならない。この危機とは『救済の星』の第一部で部分的に描かれており、そこでとりわけローゼンツヴァイクは神との関係から離れた人間を描いている（彼はこの人間を「メタ倫理的」という表現で呼んでいる）。「メタ倫理的な」人間——そして、われわれは皆メタ倫理的な人間の立場へとふたたび転落する危険性にあると言われている——は、ある種、彼自身のうちに閉じ込められている状態に苦しみ、そしてこれはローゼンツヴァイクがすべての人を脅かす悲劇と見ているもの、つまり完全にみずから自身のうちで閉ざされているような悲劇である（私はここでオーデンの詩を思い出す。「男でも女でもみんな／骨の髄に誤謬を育てていて／密かにそれぞれが望むもの／普遍的な愛ではなく、自分だけが愛されるということ」。またオーデンの別の詩句も思い出す。「いつだって弱虫はつぶやく、私だと」)。

とはいえ、神の恋人になってしまえば、人はもはやみずから自身のうちに完全に閉じこもっていることはできず、しかし神の愛に返答するだけでその運命を逃れることもできない――少なくとも、その愛に返答することが単に魂の情熱として受け取られるならば、そんなことはできない。ふさわしい仕方で神の愛に返答することは神のまねび（*imitatio dei*）に関わっている――「私はあなたたちの神、主である。あなたたちは聖なるものとなれ。私が聖なる者だからである」。神がご自身のように一人の人間を愛し、自由に愛し、私の隣人を愛することを私に促すであろうというまさにこの事実を、私は理解しなければならない。あらゆる伝統的なユダヤ教の教えと一致して、ローゼンツヴァイクは神の愛はいわば「水平的次元」なくしては「垂直的次元」をもつことができないと主張する。また、他の同胞たちへと向かう、方向をもたない「神の愛」は実際のところ神の愛ではまったくない。神にたいするわが愛は私がどれほど孤独であったかを私に理解させることができなければならず、そして隣人を愛することでその孤立から抜け出すことを私ができるようにしなければならない。しかし、自分の隣人を愛することとはなんなのか。

自分の隣人にたいする愛

ローゼンツヴァイクは、私が隣人を愛することを学ぶことができるのはまったき〈他者〉である何者かによって私が愛されているという事実に目覚めることによってだけであると言う。そのさい彼は、神－関係がなくても人が他の人間に関わり、他の人間に手を差し伸べ、他の人間——すなわち、個々の他の人間——を愛することができるということを否定しているのではない。しかし、レヴィナスのように——そしてレヴィナスはくり返しどれほど彼がローゼンツヴァイクを読むことで鼓舞されたかを証言している——、彼はなにかを語りかけてくるような他者の愛、人を（ローゼンツヴァイクではなく、レヴィナスの言葉を借りれば）「その名前にふさわしい人間」たらしめるような愛は、選択的な愛ではありえないと考えている。友人を愛することでは十分ではないのである。また、私は「魅力的」ではない人間、「私を求め」ない人間を愛することができなければならない。私はあらゆるすべての人間を一人の人間として愛することができなければならない。

このことはローゼンツヴァイクの言葉によれば、私は「もっとも近き者」〔隣人〕[*der Nächste*]、すなわち私にとってもっとも親密な者を、たとえ「もっとも近き者」がどんな人であろうとも、愛することができなければならないことを意味する。しかし、レヴィナスとローゼンツヴァイクのあいだには類似点だけでなく違いもある。

ローゼンツヴァイクにとって、一なる人格的な神によって愛されていることの目覚めは、ある意味でもっとも近き者を愛せよという命令を私が聞くことに先立って到来するのにたいして、(15)われわれが見るようにレヴィナスにとって、事態は反対である。ローゼンツヴァイクの現象学においては、愛された者のうちに神の愛にふさわしい者であろうとする願望を——根本的には神の愛を模倣し、

「もっとも近き者」にたいして愛を示すことで——引き起こすのが神の愛の自覚である。

ローゼンツヴァイクの救済概念

われわれの議論を締めくくるには、ローゼンツヴァイクの救済概念に注目しなければならない。神と個々の魂のあいだの「結婚」にたいする切望は、個々の魂が「もっとも近き者」を愛するという倫理的課題を引き受けることでは終わらない。ユダヤ教は共同体的な宗教である。ユダヤ人は、少なくとも一〇人（正統派の伝統においては一〇人の男性）からなる集団において祈ることが想定されていた。そしてローゼンツヴァイクは、（キリスト教徒もまたある意味において「選ばれた人々」——「異教徒」を一神教の光のなかへ連れてくるために選ばれた人々であるにもかかわらず）神に選ばれた民族としてのユダヤ民族全体にたえず関わっていた。神にたいする私の愛と隣人にたいする私の愛はそこで中断するとは考えられていない。むしろ、この両方の愛は救済を予期することへと私を導くと思われている。そしてここで私はローゼンツヴァイクの神学の驚くべき側面に言及しなければならない。これまで私はその神学の非伝統的な性格を強調してきた——たとえば、特殊な聖書物語の真実性の問いにたいするローゼンツヴァイクの緩やかな態度、また啓示は歴史的

（15）たしかに前の（*prior*）という時間的な意味ででは必ずしもなく、論理的な意味、すなわちドイツ観念論の論理的（*logical*）という意味でである。

出来事であり、それゆえ原初的な「啓示」は、もしそれが起こったとしたら、モーセがシナイ山でトーラーを受け取ったという出来事ではなく、いわばすべてアダムへとさかのぼっていくという教義についてのローゼンツヴァイクによる再解釈である。このことは、救済がローゼンツヴァイクによってもまた、おそらくつねに切望されるべきなにかとして、あるいはわれわれがけっして実際には到達できないが徴候的に接近しているなにかとして、「哲学的に」再解釈されているのだと思わせるかもしれない。しかし、ローゼンツヴァイクは彼がイスラームの合意（*ijma*）を近代的な進歩概念の類似語として描いている一節において、明確にこのような考えを拒絶している。彼は両者をあらゆる瞬間に待望されるメシア的未来ではなく、無限に延長され投企された過去の概念であるとして批判する。

たとえ「永遠の」進歩が語られていても――実際には考えられているのは「限りない」進歩にすぎない。つまり、つねに進歩し続け、そこであらゆる瞬間がこれから自分の順番が回ってくるという保証された確実性をもち、したがってある過去の瞬間が〈すでにそこにあったこと〉を確信できるのと同様に、それが〈そこにあるだろうこと〉も確信できるような進歩であるにすぎない。それゆえ、この実際の進歩の理念は「理想的な目標」がもしかするとすぐつぎの瞬間に、それどころかまさにこの瞬間に達成されうるし、達成されねばならないという考えになによりも強く抵抗する。御国の信奉者は時間の言語を用いるためにのみ「進歩」という用語を利用しているにすぎない。実際には彼は御国を指している。すぐつぎの瞬間に「目標」を先取りするという見込みと義務に抵抗しないかどうかということが、御国の信奉者を典型的な進歩崇拝者から見分ける真の秘密の合言葉なのである。この先取りとそれへの内的な強制なしには、つまり「メシアをそれに定められた時間以前に導きよせようという願望」と「神の御国に強制を加える」という誘惑なしには、未来は未来ではない。それなしでは、未来は単に無限に長く引き伸ばされ、前方へと投影された過去にすぎない。というのも、そのような先取りがなければ、瞬間は永遠ではないからである。それは時間という長い街道をたえずだらだらと先へ先へと進んでいくものである[16]。

世界はある未来の地点で救済される、すなわち終末論的な救済があるというローゼンツヴァイクの信仰――そして、彼はこの信仰がユダヤ教の信仰にとって本質的であると主張する――は次のようなものである。すなわち、彼は救済された世界の状態は神への愛と隣人への愛が真に普遍化された状態にあるという考え方を超えたものとして描くことができるとは主張していない。『フランツ・ローゼンツヴァイク――彼の生涯と思想』のなかに収められている改革派のラビであるベンノ・ヤーコプにたいする手紙のなかで、彼はこう書いている。

---

(16) *The Star of Redemption*, 227.〔前掲『救済の星』、三四八頁〕

メシア的未来があるだろうということを、私がどのように考えているかを定式化することはできないと感じています。でも、このことはメシア的未来に不利なわけではありません。時が来れば、些事は取るに足らなくなるでしょう。私は諸民族や諸集団のあいだで平和が人間本性の根源的な変革なくして、すなわち奇跡の光のなかにあらわれるにちがいない現在から熟慮した変革なくして実現しうるなどと想像するほど無邪気ではありません。私が未来への信仰をもっているということを、私はわれわれの祈禱書に負っています。私はシオンをこの信仰から排除することができません。まさにどれほど偉大に、どれほどユダヤ的に、どれほど「近代的」にパレスチナ人がシオンの周りに集められるかは、私にはわかりません。しかし、その時が来ても、きっと私はこのシオン——天上ではなくメシア的で、それゆえ地上のシオン——が時代の意味において「近代的」であるものによって包囲されるだろうという事実には戸惑わないでしょうし、せいぜい聖書的古代に関する私の心のイメージについてまとめられた「文明の歴史」の付随物によって戸惑うにすぎないのです。しかしまた、私はせいぜい今日のパレスチナに工場と車道をしぶしぶ認めるだけです。それはあるべき場所にあるのです！（355）

とはいえ、救済はたんにローゼンツヴァイクが未来に生じると信じているなにかというわけではない。ローゼンツヴァイクの神学全体にとって中心的なものは、彼による理想的ユダヤ人の生涯の全イメージが、彼あるいは彼女が救済を未来的にして今現在的であるなにかとして経験するような概念だということである。また言い換えれば、彼あるいは彼女は未来の救済を力強く先取りするがゆえに、それは事実上、今起こっているのである。彼あるいは彼女は救済を「現在」として、同時に「次の瞬間に起こるかもしれないなにか」として、そして「遠い未来に起こるかもしれないなにか」として経験する。

ローゼンツヴァイクがこのような仕方で救済を経験しているとわれわれに語るとき、彼は自己矛盾には陥っていないし、同様にもし愛する者たちが一方ではそれぞれの他者にたいする愛を完全に満たされたものとして経験し、他方では差し迫った未来においてその成就を自分たちが享受することを望むなにかとして、しかしふたたびその成就を自分たちがその全生涯の過程に渡って経験することを待望するなにかとして経験することをわれわれに語ることができたならば、愛する者たちも自己矛盾に陥ってはいないだろう。もし宗教的民族が神に眉毛があることをある瞬間に考えることなく「神の眼」について語ったとしても、彼らは自己矛盾に陥っていない（ここで私はウィトゲンシュタインから例を借りている）。これと同様にローゼンツヴァイクが救済を同時に現在かつ未来として描いても自己矛盾には陥っていないと、私は思う。

ユダヤ人と救済

われわれが第一章で言及したように、ユダヤ人はローゼンツヴァイクの思想において特別な位置を占めている——世界‐史的位置、あるいはおそらく「世界‐非歴史的位置」と言うべきかもしれない。なぜならユダヤ人の特殊な運命は歴史の外部に立つことだと思われるからである。いわば、ユダヤ人の永遠的実存という特徴——そして、ローゼンツヴァイクにとってそれはディアスポラの永遠的実存を意味する[17]——は、救済された人類の状態がどのようなものであるかに関する〈こといま〉のモデルの一種でありうる。ユダヤ人は活ける神的な生、いわばすでに救済され、それゆえキリスト教会によって救済される必要のない生のなかで満足し、満たされていると思われる。またローゼンツヴァイクは感動的な仕方で、『救済の星』と、より簡潔には『健康な悟性と病的な悟性』の二つの書物のなかで次のような点について書いている。すなわち、ユダヤ教の儀式の暦や日々の祈禱書、シャバット、そしてミツヴォットをなすことが、彼がすでに救済された状態、そして救済をあらゆる瞬間に待望し、また救済を遠く離れた終末論的出来事として先取りするという二重の意味において先取りすることについて語っている感覚を生み出すことができる、その仕方についてである。

さて、私は自分自身について語ることで、ローゼンツヴァイクが言及している複雑な経験を想像できるが、その経験は最終的な救済を先取りし、あるいは望むようなあらゆる宗教的伝統の内部にある信仰共同体によって、少なくともその共同体が真に精神的な共同体であるときに経験されうるなにかであると信じている。ローゼンツヴァイクのかなり特異な世界史の見方においては、キリスト教徒は単に外に出向き、あらゆる「異教徒」を改宗させるために存在する。しかし、普通のキリスト教徒は伝道者ではなく——ほとんどのキリスト教徒が伝道者であるという事例は二千年のあいだ存在しなかった——、それどころかムスリムの共同体あるいは禅仏教の共同体がローゼンツヴァイクの評価する特徴をも示しうるという事実は、かなりの代償を払って彼の知的領域から排除されたなにかである。すなわち、高く見積もられた二つの宗教以外の諸宗教にたいする軽蔑の代償であり、それは彼の生涯や彼の著作のほとんどのなかにあのような魅力的な精神があったことをみずから示している人物においては奇妙に見える。幸運にも、キリスト教とユダヤ教以外の異教や諸宗教にたいする彼の軽蔑でさえ、これらの諸宗教の信者の宗教的生活にたいする軽蔑ではないし、あるいは個々のユダヤ人やキリスト教徒の宗教的生活の優越性にたいする主張でもない。ローゼンツヴァイクは「新しい思考」のなかで次のように主張している。

> 当然、神々の神殿は崩壊し、神々の立像は美術館のなかに立っている。神々への礼拝がきれいに整えられ規定された限りで言えば、この礼拝はたった一つの甚だしい錯誤だったかもしれない。しかし、苦痛に満ちた胸中から［神々に向けて］昇って行った祈り、自分の息子をモロクの生贄へと送り出したカルタゴの父が流した涙——それらは聞きとれないわけではないし、見

(17) ユダヤ人は政治の外部にあるべきであり、国民国家あるいは地理的な願望をもっていないということは、ローゼンツヴァイクのイメージにとって本質的なものであった。

られないままでいることもありえない。あるいは、神はシナイ山で、あるいはそれどころかゴルゴタで待っているべきだったのか。否、神がその上に確実に到達する道は、シナイやゴルゴタから通じていないのであり、これと同様に神はオリュンポスの周りにある道で神を探した人と出会うこと〔の可能性〕さえ断念できなかった。神ときわめて近いところにあり、人間がその近みから慰めを得るような神殿が建てられることはないし、神からきわめて遠いところにあり、神が容易にそこへ手を伸ばすことのできない神殿もない。また、神がそこから到来しえない方角もなければ、神が到来しなければならない方角もない。おそらく神が宿ることのない丸太は存在しないし、つねに神の耳に届いているダビデの詩編もない（130）〔前掲「新しい思考」、一九五頁〕。

要するに、人間生活のあらゆる目的は啓示であり、啓示のあらゆる内実は愛である。愛する者と愛された者のあいだの愛は「結婚」、すなわち救済に到達する。そして救済は個人的な側面――それぞれの宗教的個人によって経験されるなにか――をもち、また共同体的な側面――全体としてのユダヤ教の宗教的共同体によって例証され模範とされるなにか――をもっている。また救済には終末論的な次元があるが、単に終末論的であるというだけではない。というのも、その未来の出来事は個々のユダヤ人にとっていま、「現に存在している」なにかだからである。(18)

(18) このようなローゼンツヴァイクの救済概念の側面について卓越した議論をしている次の研究を参照されたい。Peter Eli Gordon, *Rosenzweig and Heidegger: Between Judaism and German Philosophy* (Berkeley: University of California Press, 2003).

3 『我と汝』が本当に語っていること

『イスラエル人とユダヤ的伝統』のなかで、デイヴィッド・ハートマンは彼が「出来事に根差した神学」と呼ぶ災厄にみちた心理学的重荷について語っている。

六日間戦争がわれわれに教えたのは、私のうちの深層部が「イエフダ・」ハレヴィ(1)のユダヤ教理解がもっているある特徴と一致したことである。それにもかかわらず、私は勝利の喜びから

(1) イエフダ・ハレヴィ（一〇七五―一一四一、『クザリ』の著者）。*Israelis and the Jewish Tradition* (New Haven, Conn.: Yale University Press, 2000) の第二章を「ハレヴィにおける歴史の神」に捧げたハートマンによれば、ハレヴィは「神的現実性へと人間を接近可能なものとする」のはイスラエルの歴史だけであると主張した（たとえば、三七頁を参照されたい）。

ヨム・キプール戦争の最中とその後に国を襲った絶望と不安への極端な感情的変化も鮮明に思い出す。依然として出来事の力を認めていたけれども、私は今では出来事に根差した神学において起こりうる躁鬱病的な結果を認識している。私は、トラウマ的な歴史的出来事がもっている成り行きに任せた情熱を和らげる方法として、マイモニデスやタルムードの伝統の冷静さに引き寄せられる。(2)

イザヤ、エレミヤ、そしてエゼキエルといった主要な預言者を、そしてその後に十二人のいわゆる「比較的重要ではない預言者」を通読さえすれば、ハートマンが取り組んでいた問題があらゆる預言者によってどれほど強烈に感じられていたかがわかる。聖書時代のユダヤ教――(哲学者は言うまでもなく)タルムードの賢人たちに先立つユダヤ教――にとって、悪いことは悪い民族(あるいは諸民族――怒れる神が全民族に罰を下すという観念と、神は義しい個人は助けるという思想のあいだにユダヤ教の聖書においてはかなりの迷いがある)にたいして起こると考えられていたし、アッシリア人とバビロニア人による捕囚の経験によって生じた楽観論と絶望とのあいだの振幅は預言者の著作において明白である。おそらく『哀歌』のなかのもっとも悲劇的な部分であり、そのもっとも心を動かす句はこれである。「私たちは背き逆らいました。あなたはお許しになりませんでした。あなたはご自分を怒りでくるみ、私たちに追い迫りました。あなたは哀れみもなく私たちを打ち殺しました。あなたは雲でご自分を包み、祈りをさえぎられました」(『哀歌』第三章四二―四四節)。

すでに『詩編』のなかでは、みずからの悪い行いのせいでわれわれに起こるあらゆる悪事を批判しようとする立場はときに拒絶される。それゆえ、『詩編』第四四章(一二―二〇節)には次のようにある。「あなたは私たちを食いつくされる羊とし、国々のあいだに私たちを散らされた。あなたはあなたの民をわずかな値で売り渡し、その民に高い値をつけようとはしませんでした。あなたは私たちを隣の民の嘲りの的にし、周囲の人々の軽蔑と嘲笑にまかせます。あなたは私たちを国々のなかの物笑いの種とし、諸民族が頭を振って侮るにまかせられます。……これらのことすべてが私たちに降りかかっても、なおあなたを忘れることはなく、私たちはあなたの契約を裏切ることはありませんでした。あなたは私たちを山犬の住み家に怒って捨て、死の影で私たちを覆ってしまいました。それでも、私たちの心は逆戻りせず、私たちの歩みはあなたの道からそれることはありませんでした」。

このような句を書いた著者が不可能だと思ったのと同じように、自分たちの責任のためにわれわれに起こる悪いことすべてを説明することができない――心理学的にも道徳的にも不可能である――となれば、預言者が思い描いていたであろうユダヤ教ほど罪の意識には苦しまない神学を探さなければならない。あるいは、もし(私はそうではないが)正統派であれば、その人は預言者が語

(2) Ibid., 125.

っていることを再解釈しなければならない。このような探究、そしてこのような再解釈はタルムードのなかにすでに示されている。たとえば、神は有史時代の民族を報いては罰も与えるという教えに代わって、タルムードの賢者たちは終末の時まで義を先延ばしする一なる神を描いた。

なぜ彼らは〈大集会〉の男たちと呼ばれたのか。それは、彼らが神徳の王冠をその古代の完全性へと復元したからである。モーセは来て次のように言った。「偉大にして、勇ましく、畏るべき神」[『申命記』第一〇章一七節]。それからエレミヤが来て次のように言った。「異邦人は神殿で浮かれ騒いでいる。いったい、そこに神の畏るべき行為はあるのか」。こうして彼は「畏れ」という言葉を顧みなかった[『エレミヤ書』第三二章一八節]。ダニエルは来て次のように言った。「異邦人は神の子を奴隷にしている。神の勇ましい行為はどこにあるのか」。こうして彼は「勇ましさ」という言葉を顧みなかった[『ダニエル書』第九章四節]。しかし、賢者たちが来て次のように言った。「反対である! 神がその怒りを鎮め、不道徳な者にたいして長きにわたり苦しみを与える神の勇ましい行為がそこにはある。そこには神の畏るべき力がある。なぜなら神を恐れる以外に、どうやってある国民は[多くの]諸国民のあいだで耐えることができるのか[*b. yoma* 69b]。

自分たちの徳や善き行為にたいするこの世での報酬、あるいは〔みずからの民族や他の民族にたいする）悪徳や不道徳的な行為にたいする罰は期待すべきでないということ、そして「ミツヴァーの報酬はミツヴァーである」ということについてタルムードの賢人たちに同意しながらも、ユダヤ人哲学者たちはここで引用された文章にけっして満足できなかった。哲学者として、彼らはより哲学的な説明を探究したし、今なお探究していることは言うまでもない。たとえば、マイモニデスは預言者や『哀歌』が描くような恐るべき罰を、理解可能な社会的因果関係の言葉で再解釈した。すなわち、道徳法を含むハラハーの法を侵害する国民は不安定であり、そしてこの不安定さ（と不安定さを生みだす貪欲さと愚かさ）は、その国民に災害をもたらすことで終わりを迎えるような国内外の対立という結果を招くであろう。神は偶像崇拝、貪欲さ、貧しき者の抑圧などのためにユダヤ民族を罰したと語ることは、それゆえ大衆が理解できるようなまことしやかな言い方であり、まさに不道徳が災害という結果を招くということを語るための方法である。(3) とはいえ、本書で私はマイモニデスの哲学を示すつもりはない。代わりに、本章で私はここ一〇〇年のうちでもっとも偉大なユダヤ人哲学者の一人であるマルティン・ブーバーが（もう一人の偉大なユダヤ人哲学者であり、第四章で彼の見解を示す予定のエマニュエル・レヴィナスと同様に）悪の問題を「解決する」というよりはむしろ、それが述べられることのないままにするような、われわれと神との関係を生み出そうとした、そのやり方を示したい。（ブーバーとレヴィナスは同じではない。彼らにはきっと一

(3)　最初にこのことを私に指摘したのはモッシェ・ハルバータルであった。

致しない点があるが、彼らについて考察することでわれわれは豊かになると私は確信している）。本章で私が語りたいことは、ブーバーの見解を解説しようとしているにすぎないのである。

マルティン・ブーバー

私がマルティン・ブーバーの思想を評価していると言うと、よく驚かれることがある。そこには、彼は「軽量級」、つまりレヴィナスあるいはローゼンツヴァイクほど深遠でも独創的でもない者だという考え方がある。ブーバーの主著『我と汝』を表面的に読んだ人々だけでなく、一節も読まなかった人々が述べた考え方だと思えば、そう驚くことではない[4]。このような否定的な印象をもたれた理由をいくつか考えてみることで、私がブーバーの「神学」と呼んでいるものの説明をはじめたい。

二つの要因が働いているかもしれない。ブーバーは他人たち（注：私はとくに他人たちとの関係を言ったのではない）との関係を含む関係について、われわれになにかを教えることを目的としているし、多くの人々は（「統計的な」なにか、精神分析的ななにか、あるいは政治的あるいはなんらかの点で社会－科学的ななにかとは対立するような）他者との関係をめぐる規範的ななにかが語られることを、厄介だし、おそらくは苛立たせるものだと感じている。明らかにこのようなことをまさに行っているレヴィナスが同様の反応を呼び起こさないのだとすれば、それはレヴィナスを評価する人々が自分たちは「ポストモダンの」著作家、それゆえヌーヴェルバーグに属する者を読んでいると考えているからかもしれない。

本章と次章の両方で、私はスタンリー・カヴェルから借用した概念、すなわち道徳的完成主義という概念を利用するつもりである。[5] 道徳的完成主義者は次のように信じている。すなわち、古代からある問い――「私はそう生きなければならないように生きているのか」「私の生は虚しさを越えたなにかなのか、あるいは悪いことに、単なる順応なのか」「私は［カヴェルの言葉を借りれば］未達成ではあるが達成可能な自己に到達できる最善の努力をしているのか」――は、世界の見方を一変させてしまう、と。エマーソン、ニーチェ、そしてミルはカヴェルにおける主要な事例を示す

（4） Martin Buber, *Ich und Du* (1923 : Gerlingen : Lambert Schneider, 12th edition 1994) ; *I and Thou*, translated by Walter Kaufman (New York : Scribner's Sons, 1970). 後者は私がここで引用している版である。

（5） Stanley Cavell, *Conditions Handsome and Unhandsome* (Chicago : University of Chicago Press, 1990). 「私が考えている完成主義とは道徳的生活の競争的理論ではなく、西洋思想の隅々にわたる道徳的生活の次元あるいは伝統のようなものであり、しばしばみずからの魂の状態と呼ばれてきたものに関わり、人格的関係ならびにみずから自身とみずからの社会を変えることにたいして大きな負荷をかける次元である」(2)。ソロー、エマーソン、そしてウィトゲンシュタインにたいしてこの概念を適用することで、カヴェルは私がここで言及しているものとは別の完成主義の側面――「普通のもの」あるいは「共通のもの」に関係する側面であり、両者はわれわれがそこから遠ざけられているもの、そしてわれわれが変える必要のあるものである――に気づいている（このような関心は *The Senses of Walden*〔『センス・オブ・ウォールデン』齋藤直子訳、法政大学出版局、二〇〇五年〕のなかで予示されている）。

三人である（カヴェルはまた、ルソーとカントのなかに完成主義的な話しぶりを見ている）。

エマーソンとミルが「順応」を攻撃するとき、彼らが異議を唱えているのは順応主義者が口先だけでいい返事をする諸原理ではない。エマーソンとミルがわれわれに告げているのは、もし順応が自分が忠誠を尽くすすべてであるならば、最善の諸原理でさえ無用だということである。そのような哲学者は「完成主義者」である。なぜなら、不可能なほど要求の多いように見える仕方でわれわれがなすべきコミットメントを、彼女または彼がつねに示しているからである。しかし、そのような哲学者は現実主義者でもある。というのも、彼女または彼が、みずからの「未達成ではあるが達成可能な自己」を目指すことができるのは、「不可能な」要求を視野に保持することによってのみであることを認めているからである。

二十世紀の偉大なユダヤ人思想家（とくにブーバー、コーエン、レヴィナス、そしてローゼンツヴァイク）を含む偉大なユダヤ人哲学者のだれもが、このような意味において道徳的完成主義者であった。ブーバーにおける有名な「我―汝」関係は、われわれに求められているとブーバーが考える関係であり、その関係がなければ、道徳的規則の体系や制度はどんな真の価値もけっしてもてないのである。レヴィナスには、別の「我―汝」関係、ブーバーの我―汝よりも重要な関係があり(6)、またローゼンツヴァイクにはわれわれが見たように、人間、世界、神との複雑な関係のシステムがある。しかし、このような「完成主義的な」次元を理解しなければ、こういった関係のどれも理解できないのである。

「道徳的完成主義者たち」はわれわれを鼓舞するだけでなくまさに当惑もさせるし、だからこそわれわれは彼らについていつも相反する感情をもつ。（これが多くの哲学者がカヴェル自身にたいしてアンビヴァレントである理由である）。ブーバーの場合、さらに問題が加わり、それは彼の思想が一見して思われているほどわかりやすくも平明でもないということを、多くの読者（それほど熟慮することもなく彼に見切りをつける人々）が認めていないことである。実際、ブーバーはレヴィナスのような仕方で膨大な量の哲学文献にふれることはないけれども、彼の思想はそれに劣らず複雑であり、またもしこのことが本当だと信じることをア・プリオリに否定してしまうならば、ブーバーが本当に語っていることをけっして理解できないだろう。

まさにブーバーとレヴィナスは複雑な思想家であるがゆえに、どちらか一人の哲学でさえ、私が「片足で立ちながら」[7]それを説明できるとみずからいい張ることは馬鹿げていよう。とはいえ、私が行いたいのは、単に作品にたいする私の熱狂を分かち合ったり、たぶんそれを読ませようと他の

（6） Levinas, "Martin Buber and the Theory of Knowledge," in *The Philosophy of Martin Buber* (LaSalle, Ill.: Open Court, The Library of Living Philosophers, 1967).

（7） タルムード（BT Shabbat 31a）の有名な物語によれば、かつて一人の異教徒がヒレルのところへ行き、片足で立ちながら、タルムードを教えてほしいとヒレルに頼んだ。ヒレルはこう答えた。「あなたにとって不愉快なことをあなたの隣人にしてはいけない。これがトーラーの全体であり、残りは単なる注解である。行って、それを学びなさい」。

人々を刺激することだけではない（たしかに少なくともそうしたいのだが）。もっと重要な私の目的は、注意を促すべきことや避けるべき過ちについての手引きを提供することである。ブーバーの場合、彼はかなり誤解されているので、私はこの消極的な課題に集中するつもりである。

「我―汝」関係

しかし、その前にほとんどの人が『我と汝』について知っていることを復習しておこう。ブーバーの古典的著作を読む者はだれでも、そしてそれにざっと目を通しただけの、あるいはそれさえしていない多くの人々も、彼の著作には人間関係の規範的説明、つまり関係の理想的類型である「我―汝」関係を描こうとする試みが含まれていることを知っている。ヴァルター・カウフマンは正しくも次のように指摘した。『我と汝』（*Ich und Du*）というタイトルにおけるドイツ語の *Du* は友人や家族に話しかけるときに使われる代名詞にすぎず、その代名詞を今では古語になってしまった *Thou* によって翻訳することは、なぜか荘厳な雰囲気を装うことになり、ブーバーの思想をすでにねじ曲げてしまう、と（彼は翻訳のタイトルにおいては“Thou”をそのままにした一方で、著作の本文からは *thou* をすべて削除した。疑いなく、この作品はこのタイトルによって大変よく知られていたためである）。実際、*thou* の使用は同じ理由でここ最近の聖書の翻訳からもほとんど消えてしまった。（伝統的なユダヤ人が神に *atah*、つまり“you”と呼びかけ、そしてわれわれがこれを“thou”と翻訳するとき、神に語りかける場合には神のためにのみ残しておかれた特別な語りの形式を用いるのではなく、ちょうど友人、両親、あるいは子どもに語りかけるようにしなければならないという事実を見失っている）。テクストの本文において*Du*を“you”と翻訳するカウフマンの決断は、ブーバーの著作を読む者の道におかれている最初の躓きの石をすでに取り除いてくれている。

［英語圏の読者にとってのもう一つの躓きの石は、特殊な表現である「精神的実在」（*geistige Wesenheiten*）の意味を解説する適切な注の欠如である――この語は著作の最初の数頁にあらわれる。英語圏の読者にとって、「精神的実在」（spiritual beings）とは、もしそれがなにかを示唆するとしたら、天使である。しかし、ブーバーが意味しているのは知的で審美的な形式であり、天使ではない。彼が思い描いている模範的実例とは芸術作品にたいするコンセプト、すなわち一人の音楽家、画家、あるいは詩人や他のどんな種類の芸術家たちもが無私に専心するコンセプトであり、そのコンセプトをうまく実現させせようとする努力のなかで、自己利害や「成功」願望によっては堕落していない注意力であろう。このような「我―汝」関係の事例は、あらゆる純粋な「我―汝」関係のなかに（なかば宗教的のみならず）なかば審美的な次元が存在するという点を明らかにする。しかし、このぎこちない翻訳は（驚くべきことにカウフマンでさえこれについては責任がある！）その意図を曖昧にしている］。

第二に、どんな読者も知っているように、ブーバーは「我―汝」関係をもう一つの関係である「我―それ」関係と対比させた。しかし、すでにこの点に二つの重大な誤解が潜んでいる！

一つ目の誤解は、ブーバーが「我―汝」関係はつねに良き関係であり、「我―それ」関係はつねに悪い関係だと考えている、というものである。これは二重に間違っている。「我―汝」関係には多くの特徴があり、その特徴のなかには、その瞬間における排他性があるが（もっとも重要な「我―汝」関係である神との「我―汝」関係の事例は別であり、もう一つの「我―汝」関係のうちのすべてがそこではじめられなければならない）、また汝は用いられたり分析されたりする対象というよりもむしろ、有機的統一として経験されるという事実がある。しかし、特別な「我―汝」関係が良い関係であるかどうかは対象の適切さにかかっており、ブーバーは（多くの読者が見ていないように思われる一節で）デモーニッシュな「我―汝」関係がありうることを指摘している。興味深いことに――またこれはホロコーストへの反応ではなかった、なぜなら『我と汝』は一九一九年から一九二二年にかけて書かれたからである――、このような関係に関するブーバーの事例は独裁者（ナポレオン）との関係である。(8)

ブーバーはまた、「我―それ」関係はいつも悪い関係であるとは限らないことを強調している。またこのことを見過ごすたいていの読者を責める気はないが、もし私の学生を典型的な読者とするならば、彼らはこれをいわば日常生活の要求にたいする嫌々ながらの容認とみなそうとする。これは一つや二つの節の誤読というだけではない。文字通り、著作全体の要点を見落としているのである。しかし、なぜそうなるかを説明するために、私はブーバーのテクストがもっているいくぶん微妙な特徴を指摘しなければならない。すなわち、テクストの内部には「我―それ」関係の語りだけでなく、「それの世界」の語りもある。[9] なぜこれが重要なのかは、間もなく明らかになると期待している。

もし十分に人間的な生活のテロスとは「我―汝」関係（神との関係であろうと、人格としての人間あるいはそのような複数の人間との関係であろうと）を達成し、そのなかにとどまることであるとブーバーが本当に考えているならば、彼の仏教批判は彼自身にも当てはまることになるだろう。ブーバーによれば、仏教の教義の間違いはそのテロスが普通の世界の外側に人を連れて行くような状態にとどまることだとまさに考えている点にある（私はこれが仏教の誤った解釈なのか、それともそうではないのかについて議論するつもりはない――私はこれが仏教のある形式には当てはまるが、また別の形式には当てはまらないと考えている）。ブーバーの「我―汝」関係はわずかな期間しか存続しえない関係であるが、その意義は神的なものとの「我―汝」関係をもったのち、「それの世界」が変容することにある。いわば二種類の「我―それ」関係、すなわち単なる「我―それ」関係と変容した「我―それ」関係が存在するのである。

次の主張を見てみよう。「それの世界は汝と向かい合い、汝をあらわし示すところで変容することができる」(99)〔マルティン・ブーバー『我と汝　ブーバー著作集I』田口義弘訳、六七頁〕。「それ〔純粋な

（8） *I and thou*, 117–119.

（9） たとえば、*I and thou*, 149, 159.

る関係」によって汝の世界には形成する力がそなわり、だから精神はそれの世界に浸透して、それの世界を変えることができる」(149)〔同書、一三四頁〕。これは、汝との出会いという目的が、純粋に道具的な我—それの態度に逆戻りすることを必ずしも意味しないという考えである。またその目的は、それの世界のなかで永遠なる汝に奉仕することである。すなわち「世界へと真実に出て行くものはだれでも神へと出て行くのである」(143)〔同書、一二六頁〕。「われわれが出会いに到達するときにはただ汝だけを口にするように、われわれが世界へと放たれるのは汝を口にすることによってである」(159、強調追加)〔同書、一四九頁〕。

さらにブーバーが思い描く変容とは、単に個人的生活の変容だけでなく——変容はつねに個人的生活のなかではじまるのだが——、われわれの社会的生活の変容でもある。『我と汝』における私のお気に入りの節の一つは、現在はすべて現実離れしたがらくたであり、その代わりわれわれが必要としているのは政治・経済機械(すなわち経済と現実政治《レアルポリティーク》)に実践的な関心をもった指導者の「ノウ・ハウ」であると考える対話相手に、ブーバーが応答する箇所である。

> きみがそう言ってももう遅すぎる。ついさっきまでならきみが自分で語っていたことを信じられたかもしれない。今ではもうそれはできない。なぜならついちょっと前に、きみは私と同じように国家が指揮されていないことを見てしまったからである。……指導者たちは単に暴走する機関車を操っているにすぎないように思える。そしてきみが語った瞬間、私と同じように経

済機械が異様な仕方で唸りはじめている様子を聞き取ることができる。監督者は見下すようにきみに微笑みかけるが、彼らの心のうちには死が巣くっている。彼らは装置を近代の状況に適合させているのだときみに告げる。でも、きみは気づいているのだ、今後、彼らがただ自分たちを装置にその装置が許す限りにおいて適合させておくことしかできないことに。彼らの代弁者たちは、経済が国家の遺産を引き継いでいるのだときみに説いている。あなたは知っている、相続されるべきものはますます蔓延るそれの専制でしかないことを。そして、それの専制の下で我はますます無力になっていきながら、依然として自分が命令している夢を見ているのである（*I and Thou*, 97）〔同書、六四—六五頁〕。

要するに、ブーバー的哲学の狙いがわれわれに教えているのは、神的なものの経験が目的それ自体なのではないこと——まさに正しい箇所を強調するなら——、神的なものの経験は目的それ自体ではなく、また「我—汝」関係は目的それ自体ではないことであり、むしろ目的は何度も生じる「我—汝」関係の変容的作用を通じた世界のなかでの生の、つまりそれの世界のなかでの生の変容だということである。

二つ目の誤解は、『我と汝』において重要なすべてのことは、人格的関係についての教えであり、神についてのあらゆる事柄は無視することができる、というものである。ブーバーの人格的関係、あるいはむしろ人格的関係における「我—汝」の契機の現象学は感動的で洞察豊かだけれども、そここにブーバーの真の独創性があるのではないと私は思う。たとえば、私の知る限りでは、G・E・ムーア（バートランド・ラッセルとともに、英語圏の分析哲学学派の創始者）とマルティン・ブーバーを比較することを以前はだれも考えなかったが、ムーアの『倫理学原理』における友情の説明はある点ではまさにブーバーの「我―汝」関係の説明を先取りしている。[10] それどころか、とくにブルームズベリー・グループのメンバーを動かしたのはまさにこの理想的な友情の説明である。（ムーア、ブルームズベリー・グループ、そしてムーアの教えの道徳的影響に関するすばらしい描写はジョン・メイナード・ケインズの心惹かれる回想録『若き日の信条』のなかに含まれている）。[11] とりわけ、友人の評価と最善の審美的評価のあいだの類似性はブーバーと同様にムーアによって注目されている。しかし、ムーアは無神論者であり、彼にとって理想的な友情は単純に良き事柄――存在する良き「有機的統一」であると同時に、ブルームズベリー・グループのメンバーがつねに見積もろうとしていた世界全体の善性を構成している有機的統一の一部である。[12] これにたいしてブーバーにとって友人との「我―汝」関係は友情の彼方を示しているし、神的なもの、究極的汝との関係を示しており、理想的にはそこへと導くものである。

ブーバーが真に独創的なのは彼の神学においてであると私は思う。その神学はかなり簡潔に述べることができるが、私が行おうとしている簡潔な主張をはっきり説明しようとすれば、大部分のものになってしまうだろう（ブーバーではなく、私の言葉での）簡潔な説明は二つの主張から成る。

（1）神を描写すること、あるいは神について理論的に分析することは不可能である。それどころか、まさにこの試みは人に完全に的外れなことをさせてしまう。

（2）人ができることは神に向かって語ること、あるいはむしろ、神との「我—汝」関係、あらゆる部分的な（人々、「精神的実在」、木や動物、そして他の自然物との）「我—汝」関係が取り除かれることなく、結びつけられ、そして満たされるような関係に入っていくことである。

（10）G. E. Moore, *Principia Ethica* (Cambridge : Cambridge University Press, revised edition 1993). 最初に出版されたのは一九〇三年である。

（11）John Maynard Keynes, *Essays and Sketches in Biography* (New York : Meridian Books, 1956). もともとの出版は次のようなものである。*Essays in Biography* (London : Macmillan, 1933). 他にも多くの版がある。

（12）このような「測定」の努力は、穏やかにではあるがケインズによってばかにされていた（*Essays and Sketches in Biography*, 244-246）。とはいえ、ケインズはまた次のようにも書いている。「顧みると、われわれのこの宗教は、そのもとで成長していくには絶好のものであったと、私には思われる。今でも、それは私の知っている他のいかなる宗教よりも真実に近いものであり、見当違いなところがもっとも少なく、恥ずべきところもまったくないものであった。たしかに、今日、良心に恥じることなく価値の計算や測定の方法を捨て、そして、人が意味し感ずるところを正確に知る義務を捨てることができれば、気楽なことにはちがいないだろう。しかし、われわれの宗教はマルクスおよびフロイトよりはずっと純粋で甘い空気であった。それは、今でも私の内面にある宗教である」（Ibid., 248）。

ブーバーは『我と汝』においていわゆる「悪の問題」に取り組むことはないけれども、彼は私が本章の冒頭で言及した「出来事に駆り立てられ」、罪の意識に苦しむ神学にたいする根本的な代案を提示していると思われる。もし人が世界のなかの悪に苦しめられているならば、きっと神に向かって悪について語ることができるし――「神と格闘する」(これはイスラエルという言葉の文字通りの意味である)というユダヤ的伝統はブーバー的精神と十分に両立する――、先に私が引用した詩句(「あなたは私たちを山犬の住み家に怒って捨て、死の影で私たちを覆ってしまいました。それでも、私たちの心は逆戻りせず、私たちの歩みはあなたの道からそれることはありませんでした」)を書いた詩編作者は、悪の問題について理論的に分析しているのではなく、「我―汝」関係の内部から神に向かって悪について語っていたことをブーバーはわれわれに教えているのだ。

ブーバーの神学は伝統的な意味において「否定」神学でも「肯定神学」でもないことに注目しよう。たとえば、マイモニデスのような伝統的な否定神学者にとって、神について理論的に分析することの不可能性はそれ自体が理論(伝統的な形而上学の意味における「思弁」)の所産である。そして、まるで神が一なる人格であるかのように神に話しかけることは形而上学的誤謬である。伝統的な肯定神学者にとって、神は文字通り一なる人格であり、われわれは神がどのような種類の人格であるかについて描写できる。しかし、ブーバーにとって形而上学的「思弁」のあらゆる企ては、たとえ(その「否定的な」形式において)それが導くものが形而上学的思弁によって神を捉えることの不可能性の承認であるとしても、誤謬なのである。

神について理論的に分析する考え方だけでなく、宗教的認識論の考え方、すなわち「神が存在することがどうしてわかるのか」という問いにたいする答えもまたブーバーによって拒絶されている。このような問いを尋ねることは関係の外部に立つことである。ブーバーにとって、人は神との関係に入ることで神のもとへやってくるし、我―汝関係はけっして認識の問題ではない。それゆえ、ブーバーが神について描写したり、あるいは理論的に分析することの不可能性について書くとき、まず考えてしまうように、彼は「否定神学」に関わっているのではない。彼の文章は勧告的であって記述的ではないし、それは世界におけるある存在のあり方を示唆し、指摘し、そこへと招き入れるのであり、証明したり、論証したりすることを意図していない。これは次のような理念である。もし人がどんなに一時的であってもこのような世界における存在のあり方を達成するならば――これは長くとどまることのできる存在のあり方ではなく、みずからの生における異なる地点でふたたび入っていくことができる存在のあり方である――、理想的にはこの存在のあり方――究極的汝との関係――は、「それの世界」に戻ってしまうときでさえ、みずからの生を変容させるだろう。さらに――そしてこれがブーバーの神学と彼の多面的な社会的関心のあいだの結合である――ブーバーはあらゆる純粋な共同体、そして歴史における変容のあらゆる純粋な契機は究極的汝との共有された関係のごときものを要求すると考えている。世界の諸問題にたいする純粋に唯物論的なすべての「解決策」は、社会主義を高く見積もろうとも（マルクスの史的唯物論）、資本主義に高い評価を与えようとも（「自由市場」にたいする現代のわれわれの崇拝）、このような関係の契機を欠いていれば失敗するにちがいない。もしブーバーのシオニズムが、実際そうであったように、パレスチナ人の諸権利や切望との生涯にわたる関係を意味するならば、それは彼にとって不道徳なシオニズムは失敗する運命にあるシオニズムだったからである。

4 レヴィナス——われわれに要求されていることについて

レヴィナスは困難で屈辱的な状況のなかで第二次世界大戦を生き残ったが[1]、彼の家族は妻と娘をのぞいて殺されてしまった。こういった経験が、われわれに求められていることは他者の苦しみに向けて、そしてそのために応じられる「無限の」意思であるというレヴィナスの感覚を形成したの

---

(1) レヴィナスは「ナチスが犬のように埋めようとしたユダヤ人の捕虜仲間の墓で、カトリック司祭のシェスネ神父が語の絶対的な意味でセム人的な祈りを朗誦したときの、ドイツの捕虜収容所での感情」について語っている(12)。私が強調を加えたのは、レヴィナスを捕えた捕獲者たちの性質(「ドイツ人兵士」ではなく「ナチス」)やユダヤ人の戦争捕虜にたいするこれら捕獲者たちの態度に注意を促すためである。“A Religion for Adults,” in *Difficult Freedom : Essays on Judaism*, translated by Seán Hand (London : Athlone, 1990).〔「成年者の宗教」『困難な自由』合田正人監訳/三浦直希訳、法政大学出版局、二〇〇八年、一一六頁〕。

かもしれない。「他者の飢え——肉体的なものであろうと、パンであろうと——は神聖なものである。第三者の飢えだけがその権利を制限する」、とレヴィナスは『困難な自由』の序言で述べている。レヴィナスがここで意味していることを十分に理解することは、彼の哲学全体を理解することであろう。このような理解の発端に取りかかってみよう。

異邦人にたいするレヴィナスの使命

レヴィナスの読み手は、大体は異邦人の読み手である。彼は、キリスト教徒と現代人一般に向けて書いたエッセイのなかでユダヤ的特殊性を賞賛している。レヴィナスはこのことをよく認識していた。だから彼は（「成年者の宗教」で）、「善意の人々の団結を私は望んでいるが、それが曖昧で抽象的な状態でもたらされることがないように、ここで私はユダヤ的一神教に開かれた特殊な諸々の道を強調したい」(13)〔前掲「成年者の宗教」、一七頁〕と記している。数頁後には次のように書いている。

ある真理が普遍的なのは、それがすべての理性的存在に当てはまるときである。ある宗教が普遍的なのは、それが万人に開かれているときである。この意味で、神的なものを道徳的なものに結びつけるユダヤ教はつねに普遍的であろうとしてきた。しかし、人間的な社会を明らかにする道徳性の啓示は選びの地位をも明らかにし、この地位はこの普遍的な社会においてこの啓示を受け取る者へと帰属する。この選びは特権からではなく、責任からなっている。それは神の気まぐれによって与えられた著作権〔*droit d'auteur*〕または長子権〔*droit d'aînesse*〕にではなく、あらゆる人間的自我〔*moi*〕の定位に基づいた高貴さである。……道徳的成長の基本的直観は、おそらく私が他者と対等の者ではないことに気づくことにある。このことは非常に厳密な意味において当てはまる、すなわち、私は自分自身が他者について義務があることを理解する。そして結果的に、私は他の者たちにたいしてよりも自分自身にたいして無限に多くを要求しているのである。……モーセ五書が語るこの「諸国民の外部にある立場」はイスラエルの概念とその特殊主義において実現される。それは普遍性を条件づける特殊主義であり、そしてそれはイスラエルに関わる歴史的事実というよりもむしろ、一つの道徳的範疇である〔これは私の強調である——パトナム〕(21-22)〔同書、二九—三〇頁〕。

この一節でレヴィナスは彼自身の倫理学—現象学の観点からイスラエルの選びの教義を再解釈し、結果的にその教義は「普遍性を条件づける特殊主義」になる——すなわち、私が自分自身に要求することと私が他のだれかに要求する権利があることのあいだで、レヴィナスがいたるところで強調するような非対称性となる。そして、このように再解釈されたことで、選びは「イスラエルに関わる歴史的事実というよりもむしろ、一つの普遍的な道徳的範疇である」ことになると彼は言う。あちこちでレヴィナスはユダヤ教を普遍化する。彼を理解するためには、本質的にはあらゆる人間はユダヤ人であるという彼の著作のうちに含意されている逆説的な主張を理解しなければならない。

ある箇所で、私たちはこのようなユダヤ人という範疇の普遍化がホロコーストにおけるレヴィナス自身の喪失感と結びつけられているのを見る。『存在するとは別の仕方で、あるいは存在することの彼方へ』での献呈の辞の頁には二つの献呈が残されている。上段にはフランス語で、（翻訳すれば）次のように書いてある。「国家社会主義によって虐殺された六〇〇万人の者たち、そればかりか、信仰や国籍の如何にかかわらず、他人にたいする同じ憎悪、同じ反ユダヤ主義の犠牲になった数限りない人々、これらの犠牲者のうちでも、もっとも近しい者たちの思い出に」。

もう一つの献辞はヘブライ語で、伝統的な文体を用いながら、彼の父、母、兄弟、義父、そして義母の思い出に本書を捧げている。この頁でもっとも印象的なのは、レヴィナスが本書を（彼自身にとって）「もっとも近しい者たち」の思い出に捧げると同時に、国籍や宗教上の所属にかかわらず、「他人にたいする同じ憎悪」の犠牲になったあらゆる人々を反ユダヤ主義の犠牲者と同一視している個所である。

第一哲学としての倫理学

レヴィナスは、倫理学は第一哲学であるという主張によってよく知られている[2]――そのことで彼が意味しているのは、倫理学はどんな形而上学からも、あるいはハイデガーのような「存在の」形而上学（言い換えれば、「反存在論的な」反形而上学）からさえ引き出されるべきではないということのみならず、なぜ人間が存在すべきかに関するあらゆる思考はそのような「無根拠の」倫理学とともにはじめられなければならないということでもある。これはレヴィナスが、たとえば「定言命法」の妥当性を否定したいということではない。彼が拒絶しているのは、「なぜなら……だから、このような仕方で振る舞いなさい」というかたちのあらゆる決まり文句である。多くのさまざまな点で、レヴィナスがわれわれに伝えているのは「なぜなら……だから、他者を手段としてではなく、目的として扱いなさい」と語ることは完全な失敗だということである。[3]

だが、たいていの人々にとって明確な「なぜなら」があると思われる。もしあなたがだれかに「われわれはわれわれの行為の格率が普遍的な法則であることを望むことができるように、なぜわれわれは行為すべきなのか」、あるいは「なぜわれわれは他者の人間性を単なる手段としてではけっしてなく、目的としてつねに扱うべきなのか」、さらには「なぜわれわれは他者の苦しみを和らげようとすべきなのか」と尋ねるならば、答えは九割九分、「なぜなら他者は根本的にあなたと同じだからである」となる。もし私が、どれほど他者が私に似ているかを認めたとしたら、私はなに

(2)　"Ethics as First Philosophy," in *The Levinas Readers* (75-87) を参照されたい。

(3)　これがレヴィナスのもっとも有名な著作の要点である。*Totalité et Infini* (The Hague : Martinus Nijhoff, 1961), trans. as *Totality and Infinity* by Alphonso Lingis (The Hague : Martinus Nijhoff, 1969) : (Pittsburgh : Duquesne University Press, 1969, 1979).〔『全体性と無限――外部性についての試論』合田正人訳、国文社、一九八九年〕。

も考えることなく手を差し伸べようとする願望を抱くだろうというのが、この考え――あるいはむしろ、この陳腐な決まり文句――である。しかし、そのような倫理学の「根拠づけ」の限界は、口にされることで単にわかりきったことになるだけである。

われわれは皆「根本的に同じ」であるという考え方で倫理学を基礎づけようとする危険性は、ホロコーストにたいしてドアを開いてしまうことになる。そのような根拠づけがもっているあらゆる影響力を無効にするためには、ある人々は「実際には」同じではないと考えるだけでよい。われわれの共通の人間性を否定する危険性が存在するということだけではない（ナチスは、ユダヤ人は見かけにおいて人間のかたちをした寄生虫であると主張した！）。すべてのすぐれた小説家はどれほど人間が似ていないかについて注意を促しているし、多くの小説は次のような問いを提起している。「もしあなたがある他の人々がなにかに似ていると本当にわかってしまったら、そもそも彼らに共感を寄せることができますか」。

しかしカント主義者たちは、カントはこのこともわかっていたと指摘するだろう。だから、カントは倫理学を「共感」ではなく、われわれの共通の合理性のうちに基礎づけるのである。そうは言っても、その共通の合理性をわれわれが多かれ少なかれもっともらしく否定できるような人々にたいするわれわれの義務はどうなるのか。

これらは、形而上学的な「なぜなら」あるいは心理学的な「なぜなら」に倫理学を基礎づけることを拒否するための倫理学的理由である。レヴィナスは形而上学を、全体性としての世界を、言ってみれば「外部」から見ようとする試みとみなす。[4] そして、彼が引き合いに出すローゼンツヴァイクのように、レヴィナスは人間的主体のために生命がもっている意義が、このようなパースペクティブのなかでは失われてしまうと信じている。[5] それゆえ、レヴィナスはフィリップ・ネモに次のように語っている。

哲学の歴史のなかではこのような全体化にたいする異議申し立てはほとんどなされませんでした。私はと言えば、ローゼンツヴァイクの哲学のなかで、これは本質的にはヘーゲルの議論ですが、はじめて全体性にたいする批判と出会いました。……ローゼンツヴァイクにおいては、それゆえ、全体性の破裂があり、理性にかなったものを探索するなかで、まったく別の道が開かれるのです。[6]

(4) これは『全体性と無限』における主要テーマである。

(5) これはアングロ・アメリカの哲学、たとえばプラグマティストたちや *The View from Nowhere* (Oxford : Oxford University Press, 1986) のなかでトマス・ネーゲルからも発せられているテーマである。

(6) Levinas, *Ethics and Infinity ; Conversations with Philippe Nemo*, translated by R. A. Cohen (Pittsburgh : Duquesne University Press, 1985), 75-76.〔『倫理と無限　フィリップ・ネモとの対話』西山雄二訳、ちくま学芸文庫、二〇一〇年、九四―九五頁〕。

レヴィナスの大胆な展開は、倫理学にたいする形而上学的根拠づけの不可能性が示しているのは倫理学にとって具合の悪いなにかではなく、形而上学にとって具合の悪いなにかがあることを主張することにある。しかし、私はさしあたり哲学にたいするレヴィナスの態度を議論することを後回しにしたい。

「道徳的完成主義者」としてのレヴィナス

二種類の道徳哲学者を区別することができる。一つ目の道徳哲学者は立法者であり、詳細な道徳的・政治的規則を提示する。この種の哲学者であれば、(たとえば) 政治哲学の全問題は理想国家の憲法を考案できれば解決すると考えるだろう。

しかし、もう一つの種類の哲学者、(われわれがスタンリー・カヴェルから借りた用語を使えば) われわれが第三章で「道徳的完成主義者」と呼んだ哲学者がいる。完成主義者は立法者としての哲学者が行おうとしていることの価値を否定してはいないと、とりあえずカヴェルは語っている。彼らは諸原理や憲法に先立って必要なものがあると信じているのであり、それがなければ最善の諸原理や最善の憲法も価値がないのである。(7)

第三章で説明したように、道徳的完成主義者がわれわれに教えているのは、もし順応がみずからの原理にたいする忠誠が尽くされるすべてであるならば、最善の原理でさえ無用だということである。そこで語ったように、このような哲学者は「完成主義者」である。なぜなら、不可能なほど要求の多いように見える仕方でわれわれがなすべきコミットメントを彼らがつねに示しているからである。しかし、彼らは現実主義者でもある。というのも、彼らがみずからの「未達成ではあるが達成可能な自己」を目指すことができるのは、「不可能な」要求を視野に保持することによってのみであることを認めているからである。

レヴィナスにとって、倫理学における立法的契機と完成主義的契機のあいだの違いは課題の違いでもある。すなわち、レヴィナスは彼の課題を他者にたいする根本的な義務を示すものと見ている(8)。道徳的／政治的規則を提起するさらなる課題は後の段階、つまり「正義」の段階に属しているのであって、レヴィナスは二つの段階がいかにして存在し、そしてなぜそれが存在するかをわれわれに示すけれども、ロールズの『正義論』のような倫理学の教科書を書くことが彼の課題なのではない。レヴィナスの著作においてはほとんどつねに、倫理という語は私が道徳的完成主義の契機と呼んだ

（7） Stanley Cavell, *Conditions Handsome and Unhandsome* (Chicago : University of Chicago Press, 1990) を参照されたい。「完成主義とは道徳的生活の競争理論ではなく、西洋思想の隅々にわたる道徳的生活の次元あるいは伝統のようなものであり、しばしばみずからの魂の状態と呼ばれてきたものに関わり、人格的関係ならびにみずから自身とみずからの社会を変えることにたいして大きな負荷をかける次元である」(2)。

（8） カントやミルの例が証しているように、哲学者がカヴェル的な「完成主義者」であるという事実は、彼もまた「立法的な」貢献をなせることを必ずしも妨げない。

ものに関わっている。つまり、私がちょうど「根本的義務」と呼んだものを描写するときの契機である。

根本的義務

次のような問いを考えてみよう。「他者たちにたいするあなたの義務が、ある一人の他者にもっぱら心を注ぐことと対立しない状況にあったとしよう。あなたは、どのような態度、そしてどのような関係をその他者にたいしてとるよう努力すべきなのか」。ブーバーと同じように、レヴィナスはこれこそが取りかからなければならない根本的な問いだと信じている。そして、この問いには、多くの他者たちの対立する要求を考慮しなければならない場合（レヴィナスが「第三者の飢え」と呼ぶものが〈他者〉の要求を制限する場合）に生じる複雑な状況、あるいはもっと言えばあなた自身が他者にとって「他者」であると考える場合に生じる複雑な状況を議論するのに先立って、答えておかなければならないのである。レヴィナスの答えをすべて示すことは、彼の哲学全体の描写を要求するだろう。（とくに「無限の責任」という複雑な概念を描かなければならない）。さしあたり、私は二つの要素に焦点を当てるつもりである。

(1) 最初の要素はヘブライ語の *himeni* によってもっともよく説明される。この言葉は二つの要素、すなわち“hine”（有声音の *hiné*）と“ni”（代名詞“ani”、私の短縮形）の結合である。“Hine”はしばしば「見守る」（“behold”）と翻訳されるが、原義では「見ること」（*seeing*）とは関係がない。

それは「ここ」（"here"）と翻訳されるかもしれないが、ヘブライ語での「ここ」の同義語である"kan"や"po"と異なり、"Hine"は単なる記述的な命題のなかには見出されない。"Hine"は直示的にのみ用いられる。すなわち、私がコートを指し示すとき、私は"hine hameil"「ここにコートがあります」と言うことができる（それゆえ、翻訳は「コートを見てください！」となる）。しかし、私は「昨日、コートがここにあった」（Yesterday the coat was *hine*）と意味しようとして"Etmol hameil haya hine"と言うことはできない。そして私は"Etmol hameil haya po"あるいは"Etmol ha meil haya kan"と言わなければならない。こうして *hine* は描写ではなく、注意を促す、つまり現前させるという言語行為を遂行するのである。*Hine hameil!* はコート（*meil*）を現前させる言語行為を遂行しており、したがって"hineni!"は私自身を現前させる言語行為、他者にいつでも応じられるように準備しておく言語行為を遂行する。

ユダヤ教の聖書において *hineni* がこのような仕方で用いられる箇所はきわめて重要である。そのなかでももっともすばらしい箇所は、イサクの燔祭の物語を語っている創世記第二二章の冒頭である。「これらのことの後で、神はアブラハムを試された。神が、「アブラハムよ」と呼びかけ、彼が「はい、ここに」と答えた」（第二二章一節）。ここでアブラハムが留保なく神に一身を捧げていることに注目しよう。（アブラハムがまた第二二章七節でイサクに *hineni* と語っていることは、このテクストがもっている逆説の本質的な部分である）。

レヴィナスが「われここに」（*me voici!*）と答えていることについて語るとき[9]、聖書的な反響を意識しないと、彼が意味していることは事実上、理解不可能である。われわれがもっている根本的な義務は、他の人間の貧困（とくに苦しみ）にたいしていつでも応じられるように準備しておくような義務である、とレヴィナスはわれわれに語っている。私は〈他者〉にたいして*hineni!*と語ることが命令されているし（留保なしにそうするのは神にたいするアブラハムの*hineni*が留保なしであったのと同じである）、そしてこれは私が他者に共感を寄せることを前提としていないし、きっと他者を「理解」しようと主張すること（レヴィナスが自己拡大的な振る舞いと呼ぶもの）を前提としていない。レヴィナスの主張によると、私が親密さのあらゆる通常の基準によって（たとえば、とくに恋愛関係において）他者と親密になればなるほど[10]、ますます私は他者の本質的な現実性を把握することからの隔たりを認識することが要求されるし、ますます私はその隔たりに配慮することが要求される。すでに述べたように、この根本的な義務は「完成主義者」の義務であり、行動基準や正義の理論ではない。しかし、この根本的な義務を引き受けることがないならば、最善の行動基準あるいは最善の正義の理論が役立つことはないだろう、とレヴィナスは信じている。

対照的に、ブーバーによれば私が探究すべきなのは相互的であるような関係である。しかし、レヴィナスは根本的な道徳関係のもつ非対称性を強調する。「私は自分自身に〈他者〉にたいする敬意の義務があることを理解する。そして結果的に、私は他者よりもさらに自分自身に無限に要求しているのである」。相互性に先立って、倫理が到来しなければならない。倫理を相互性に基づかせようとすることは、ふたたび倫理を他の人間との幻想的な「同等性」に基づかせようとすることである。

(2) 私はレヴィナスとの関連で根本的義務に（そしてブーバーとの関連で根本的関係に）言及してきた。義務という言葉の選択は慎重であった。すなわち、レヴィナスにとって規範的な意味において人間であること（ユダヤ人が人間と呼ぶものであること）は、私が *himeni* と答えるよう命令されているのを承認することを意味した。レヴィナスの現象学において、これは私が命令者を経験することなしに（命令者にたいする私の唯一の経験は命令されていることの経験である）、そして命令の本質の形而上学的な説明あるいは命令にたいする形而上学的な正当化といったこともなしに、命令されていることである。もしあなたが「なぜ私が彼／彼女のために骨を折るべきか」と尋ねる

---

(9) 「自我は……逃避に好都合な隠れ家を有することなく、曇りなき透明性のうちで「われここに」[*me voici*] に連れ戻される。〈無限者〉の証しとしての「われここに」。ただし、この証しはそれが証しするものを主題化することがなく、その真理も、表象の真理、明証性ではない」。*Otherwise than Being or Beyond Essence*, translated by Alphonso Lingis (Dordrecht: Kluwer, 1991), 146. 〔これ以降の引用では *Otherwise than Being* とする〕〔『存在の彼方へ』合田正人訳、講談社学術文庫、一九九九年、三三二頁〕。この段落の注において（注11）、レヴィナスはイザヤを引用し、次のように書いている「「われここに、われを遣わせ」（『イザヤ書』第六章八節）。「われここに」は「われを遣わせ」を意味している」。「われを遣わせ」は命題ではないことも注目されたい。

(10) "Love and Filiation," in *Ethics and Infinity*, 63–72. 〔前掲『倫理と無限　フィリップ・ネモとの対話』、七九—九一頁〕。

とき、あなたはいまだ人間ではない。こういうわけでレヴィナスはハイデガーを否定しなければならない。すなわち、ハイデガーは私自身の死を十分に評価すること（「死へ向かう存在」）が私を「彼ら」のなかの単なる一メンバーと対立するような本来の人間たらしめると考える。レヴィナスは本質的なことは他者との関係であると信じている。[11] ふたたび、ここにはユダヤ的テーマの普遍化がある。伝統的なユダヤ人がみずからの尊厳を神の命令に従うことのうちに見るのと同じように、レヴィナスはすべての人間は彼あるいは彼女の尊厳を（レヴィナスが認めうる唯一の意味において「神的」であるとわかるような）根本的な倫理的命令、〈他者〉にたいして *hineni* と語る命令、レヴィナスが「無限の」責任と呼ぶことで *hineni* と語る命令への服従のうちに見るのである。

語ることは語られたことに先行する

これまで述べてきたことが説明しているのは、「語られたことに至るに先だって、まさにこのような語ることに至らなければならない[12]」というレヴィナスの複雑な主張である。なぜなら、もし「語られたこと」によってわれわれが陳述の内容を意味するならば、私が *hineni* と語るとき、「語られたこと」は存在しない。私がなしていることは、他の人間にたいしていつでも応じられるように準備しておくことである。私は動詞形を発することによってこのことをなしているが、動詞形の内容は重要ではないのであって、それが私を準備できている者として示すことに成功しさえすればよいのである。[13]

レヴィナスの哲学的教養

分析哲学者たちがレヴィナスを読むのが困難であると感じる一つの理由は、まさに彼らがラッセル、フレーゲ、カルナップ、そしてクワインを読むことを含む教養を前提としているように、レヴィナスがフッサールやハイデガーを読むことは適切な訓練を積んだどんな哲学者ももたなければならない教養の一部であることを当然だと考えている点にある。たしかにこれら二人の哲学者の著作にたいする明確ないしは暗示的な言及を背景にしてのみ理解できる諸節がレヴィナスの著作のなかにはある。しかし、レヴィナスの思想は厳密な意味で独立したものである。というのも、レヴィナスの観点から見て本質的である箇所で、彼はフッサールとハイデガーを不適切だと感じているから

(11) *Time and the Other*, translated by Richard Cohen (Pittsburgh : Duquesne University Press, 1987). もちろん、他者との関係を十分に評価することは他者の死にゆく運命を十分に評価することを意味する。ハイデガーとの対照がこれほど完全になるところはない。

(12) *Otherwise than Being*, 46.〔前掲『存在の彼方へ』、一二〇頁〕

(13) エフライム・マイアーは、このことがまた私を基本的命令である「汝、殺すことなかれ」を聴く者たらしめるとみなしており、レヴィナスの哲学においてこの基本的命令は〈語ること〉でもあると〈私的な交流のなかで〉言っていた。レヴィナスは、〈語ること〉を指し示すために「語られたこと」としての命令を脱構築する。

である。私は二人の偉大な〝H〟についてのいかなる先行的知識にたいしても最小限に依拠するだけにしつつ、レヴィナスが行っていることを説明したい。

フッサールとレヴィナス

もっとも、「最小限」はゼロを意味しない。しかし、レヴィナスが袂を分かつ道を照らすために私がフッサールについてこれから語ることは、(たとえそうでなくとも)分析哲学者たちも精通すべきフッサールの思想の側面にのみ触れるだろう。なぜなら、フッサールの思想は彼らの運動の創設の父の一人であるルドルフ・カルナップに大きな影響を与えたからである。(カルナップの『空間』(*Der Raum*)は明らかにフッサール的な仕事であり、『世界の論理的構成』(*Aufbau*)でさえフッサールの影響を確認することができる——たとえば、「これはフッサールの意味におけるエポケー(*epoché*)である」などは目を引く主張である[14]。

とくに『イデーン』[15]において、フッサールは世界をある意味で一つの構成(*construction*)として描いている[16]。フッサールの構成の概念はカルナップのそれとは違うが、ちょうど『空間』(*Der Raum*)が数学的論理に助けられて「フッサール的な」空間の哲学を構築するカルナップの道程であったように、カルナップが『世界の論理的構成』を数学的論理に助けられてフッサールのプロジェクトを手直しする道程として見ていたことは間違いない。

このような両者の哲学のうちに生じた問題とは、たとえ構成がそれ自体の観点でうまくいったとしても――ありえないことではあるが、たとえ人が「世界」を哲学者の存在論の観点から（再）構成することに成功しえたとしても――、その存在論の原初的要素は私自身の経験である、ということである。そして、このことについては道徳的に障害となるなにかがある。

フッサールの構成概念よりもカルナップの構成概念の観点から要点を押さえるために、私の友人が現象論者だと想像し、また私が存在していることのすべてがその現象論者の感覚データに由来する論理的構成物だと彼が信じているとしてみよう。もし彼の感覚データに関する有意味な文章（私に関する彼の意見のすべてを構成の体系に「翻訳する」有意味な文章）が、彼らが翻訳する信念と同じような「検査条件」をもっていると彼が私に告げるならば、私は安心したと感じてよいのか。もし私がそれは十分信頼できないと感じるならば、私が間違っているのか。(17)

（14） *Der Logische Aufbau der Welt*, 4th edition（Hamburg : Felix Meiner, 1974）, Section 64, p. 86.

（15） Edmund Husserl, *Ideas : General Introduction to Pure Phenomenology*, translated by W. R. Boyce Gibson（New York : Collier, 1962）. 一九三一年に英訳がはじめて出版された。『イデーン』の第一巻は一九一三年に遡る。

（16） 『世界の論理的構成』の時代も含めて、カルナップにたいするフッサールの影響の程度を私に確信させたのはエイブ・ストーンである。ストーンは「世界の構成」という表現でさえ、フッサールのなかにあらわれると述べた（vol. VII of the *Husserliana* volumes, 175, ll. 33-34）。

（17） エイブ・ストーンは私に次のことを気づかせてくれる。カルナップは単にフッサールの体系構造を再もし、彼による友情と気づかいの明言が彼自身の感覚データにたいする態度の明言であるならば、私の友人はナルシシズム的である。他者との純粋な倫理的関係は、他の人間は独立した実在であり、けっしてあなたの構成物ではないとあなたが認めることを前提としている。ここに認識論を伴った西洋形而上学にたいするレヴィナスの多くの批判的表現の一つがある。

古代人の霊魂を近代人の意識から分かつ深淵がなんであれ……はじまりへ、つまり意識へと遡行する必要性は哲学固有の課題としてあらわれる。すなわち、自分の島に戻り、そこで永遠なる瞬間の同時性のうちで黙ること、神の瞬間的永遠に近づくこと、それが哲学固有の課題と化すのだ。(18)

軽蔑の態度は間違いない！　反対にレヴィナスによれば、

質量のうちにあって血肉をそなえた主体性は……「自己確信の一様相」ではない。血肉をそなえた諸存在同士の近さはこれらの存在の「生身の」現存ではない。それはこれらの存在が外観、何性、諸形態を呈示するものとして、イメージを差しだすものとして、視線にたいして姿をあらわすという事態ではもはやない。そもそもイメージは眼によって吸収されてしまうからだ（触れる手、摑む手も造作なく易々とイメージの他性を一時中断する。掌握するだけで、手はイメージの他性を廃棄するのであり、それはあたかも、だれ一人として手によるこの占有に異を唱えなかったかのようである)。質量的存在もまた、それによってひき起こされた努力にたいする抵抗に還元されるものではない。[「ある男が私の前にいる!」という文章の論理実証主義的な「分析」を思い出してほしい」。質量のうちにあって血肉をそなえた主体性……他人のために身代わりになる一者そのもの——は、贈与するものであるがゆえに、意味を贈与する起源以前の意味することである。(19)

現するために数学的論理を用いようとしたのではなく、まさにこの問題からそれを引き出そうとした。「とくに、彼は形而上学的優先事項と関わるものを含む推定上の形而上学的真理を、(慣習的な)言語に関する真理と取り換えようとする。(それゆえ、彼は「エゴ」はわれわれの言語の人工物であり、あらゆる文章は主語をもたなければならないという事実に由来すると語るニーチェを満足げに引用する)(ストーンとの個人的な会話)。ストーンは正しいが、カルナップの体系の原体験[*Urerlebnisse*]は通常言語においてわれわれが私の体験と呼ぶものであり、人間一般の体験ではないという事実は残されている。(うまく唯我論を避けることのできなかったカルナップの議論に関しては、次の著作に収められている私の研究を参照されたい。"Logical Positivism and Intentionality," in *Words and Life* [Cambridge, Mass.: Harvard University Press, 1994], 85-98.) これはレヴィナスがフッサールに満足したほどカルナップの試みには満足しなかったであろう理由の一つである。

(18) *Otherwise than Being*, 78.〔前掲『存在の彼方へ』、一八九頁〕。

(19) Ibid., 78.〔同書、一九〇頁〕。[ ] のなかの説明は私のものである。

デカルトの神の存在証明

レヴィナスにとって〈他者〉（*l'autrui*）の独立性がもっている意義がおそらくもっともよく明らかになるのは、第三省察におけるデカルトの神の存在証明にたいするレヴィナスの解釈を考察することによってである[20]。そこでデカルトは、神の観念に含まれる「無限性」は助けを必要としないみずからの力によって彼の精神に懐胎したのではなく、神自身によってのみ彼の精神におかれたのだと論じた[21]。

もしこれがある哲学者にとってあきれるほどの誤謬に見えるとすれば、哲学者が「無限」を「無限に多くの素数がある」という意見のような意味として考えているのが一つの理由であろう。しかし、これはともかくデカルトが意味していることではない。むしろ、カントも言ったように、神を「無限に賢明」あるいは「無限に偉大」であると語ることは、数学的に語ることではまったくない[22]。

それならいったい、どのようにしたいのか。デカルトは、彼の議論が「難航した」がゆえに、神の存在を必要としたと従来考えられてきた。しかし、レヴィナスはデカルトが報告していることは

（20）　デカルトの証明に関するレヴィナスの議論の意義を私に指摘してくれたのは、またもやエイブ・ストーンである（*Ethics and Infinity*, 91-92〔前掲『倫理と無限　フィリップ・ネモとの対話』、一一五—一一七頁〕; *Otherwise than Being or Beyond Essence*, 146〔前掲『存在の彼方へ』、二三三頁〕; *The Levinas Reader*,

112〔同書、二八四—二八五頁〕、173-175〔「神と哲学」『観念に到来する神について』内田樹訳、国文社、一九九七年、二二五—二二九頁〕）。ストーンは（個人的な手紙で）次のように書いている。「注目する必要があるのは、第一省察の終わりにある点だと思われます（レヴィナスの適切な理解だけでなく、デカルトの適切な理解に関しても）。そこでデカルトは暗い監獄で目を覚ました囚人のような存在について語っています。レヴィナスは、これがコギトの議論に先立つ段階を提示していると記しています」。

(21) この議論に関して、先の注で示したものとは別の引用で、レヴィナスは次のように書いている。「認識は本質的に、同一視され包含されるものとの関係、その他性が中断されるものとの関係、内在化されるものとの関係なのです。私の尺度、私の物差しに応じたものなのですから。デカルトのことが思い起こされます。コギトは太陽と空を我がものとすることはできるが、我がものとできない唯一のものが、無限の観念である、と彼は言いました」（*Ethics and Infinity*, 60）〔前掲『倫理と無限　フィリップ・ネモとの対話』、七一頁〕。『時間と他者』として出版された講義のなかで神ではなく他の人間との関係についてレヴィナス自身が議論しているが、右記の引用で彼はこの議論に関する一連の問いにまさに答えている。

(22) 「無限者の概念は」、カントは言う、「数学から選び取られたものであり、数学にのみ属するのである」。そして「私は神的悟性を無限者と呼んでもよいかもしれない」けれども、「これは神的悟性がどれほど偉大かを決定的に語りうるための手助けには少しもならないのである。それゆえ、われわれは数学的無限者の概念を神御自身に当てはめることで神に関する私の認識をさらに一段階進めることはできないと思う」。"Lectures on the Philosophical Doctrine of Religion," in *The Cambridge Edition of the Works of Immanuel Kant : Religion and Rational Theology*, translated and edited by Allen Wood and George Di Giovanni (Cambridge : Cambridge University Press, 1996), 345-451（ここでの引用は 361-362. AK XXVIII, 1017, 1018）。この講義は、第一批判が出版されたのちの一七八〇年代になされたものである。この一節を見つけ出すのを手伝ってくれたカール・ポシーに感謝したい。

演繹的推論への一歩ではなく、深遠な宗教的経験、亀裂の経験として描かれるかもしれない経験、彼のあらゆる範疇を粉砕するなにかとの出会いの経験であると信じている。このような読解に基づけば、デカルトはなにかを証明するというよりもむしろなにかを認識、すなわち彼が構築できなかった〈実在〉、私の精神におけるその現前が現象学的不可能性であるとわかるまさにこの事実によってそれ自体の存在を証明する実在を認識している。

レヴィナスは、デカルトの議論を受け入れているのではないと解釈された。レヴィナスが〈他者〉を神の代わりに用いることによって議論を変化させていることがむしろ重要である。このような変化によって、「証明」は次のようになる。私は、〈他者〉[*l'autrui*]が私の「世界の構成物」の一部ではないことを知っている。なぜなら、私と他者との出会いは亀裂、私の範疇を砕く存在との出会いだからである。

もっとも、「他者との直接的な関係[23]」と呼ぶもののレヴィナスによる説明と、デカルトによる神との関係の説明のあいだの類似性は、なお遠くまで広がっている。ちょうどデカルトにとって、実質的には彼の精神の侵犯者、つまり彼のコギトを「破る」者としての神の経験は深遠な義務の感覚、そして栄光の経験をともなっているように、レヴィナスにとって実質的には彼の精神の侵犯者、つまり彼の現象学を破る者としての他者の経験は、〈他者〉にいつでも応えられるように準備しておくための「根本的義務」と私が呼ぶもの、そしてレヴィナスが「無限者の栄光[24]」と呼ぶものの経験をともなっている。実際、伝統的な神学が神に属すると考える述語を一定の規則をもって〈他者〉

に転移することは、レヴィナスの戦略の一部なのである（かくして、〈他者〉にたいする私の「無限の責任」、実際に〈他者〉の顔を見ることの不可能性、〈他者〉の「高さ」などに関するレヴィナスの語りが生じる）。

これをどう判断するか

レヴィナスは伝統的な形而上学や認識論をそれとは区別された非伝統的な形而上学や認識論に置き換えようとはしていないことをおぼえておくことが重要である。単にカルナップの現象主義あるいはフッサールの現象学を近年多くの分析哲学者によって好まれているような実在論と置き換えることではレヴィナスをまったく満足させられないだろう。このような形而上学は、カルナップの現象主義あるいはフッサールの超越論的現象学と同じように主体の観点に暴力を加える。形而上学的な実在的像においては、トマス・ネーゲルが強調したように（しかし、彼自身その像を捨てることなく）、主体の観点は「どこでもない場所からの眺め」に有利な仕方で消えてしまうのである。

レヴィナスがわれわれに思い出させようとするのは、まさにどんな形而上学的あるいは認識論的

（23） *Ethics and Infinity*, 57.〔前掲『倫理と無限　フィリップ・ネモとの対話』、六七頁〕

（24） *Otherwise than Being*, 140–162 における第五章二節「無限者の栄光」を参照されたい。〔前掲『存在の彼方へ』、三二〇—三四七頁〕

像からも引き出される根本的義務と私が呼ぶものの無起源性である。レヴィナスのそれぞれの原理的比喩——無限の責任、顔vs痕跡、高さ——は、倫理は私自身と他者とのあいだのどんな経験的あるいは形而上学的「同質性」に基づいているのでもなく、他者にたいする義務に基づいているのであり、そしてこの根本的義務は非対称的であるという二つの基本的理念と結びついているのである。

(i) 無限の責任——私はすでに、レヴィナスがこのような関係における「無限」の話ということで意味していると考えるものを説明してきた。しかし、「責任」はどうだろうか。

ある古代のユダヤ教の信条は、*kol yisrael 'arevim zeh lazeh* ——イスラエルの全員が全員に責任を負うているとしている。これに対応するレヴィナス的な主張は、すべての人間がすべての他者にたいして責任があるというものである。レヴィナスはそのことを次のような表現で、つまりタルムード (*Sotah 37*) におけるある議論の一節で語っているが、それはイスラエルが神と契約したさまざまな機会について述べている。レヴィナスはこう書いている。[25]

先ほど、われわれは他者の承認、他者への愛に似たなにかによって「ラビ・メシャルシェヤによる主張のなかで」演じられた役割を見ました。ただしそれは、〈他者〉にたいする、律法への〈他者〉の同意や忠誠にたいする補償として一身をささげるほどのものだったのです。他者の事柄は私の事柄です。しかし私の事柄は他者の事柄でしょうか。他者は私に責任を負うていないのでしょうか。その場合、私は私にたいする責任について責任を取ることができるのでしょうか。*kol yisrael 'arevim zeh lazeh*、イスラエルの全員が全員に責任を負うている。この言葉は、神の律法に忠実である者全員、その名にふさわしいすべての人間が互いに責任を負うていることを意味しているのです。

「その名にふさわしいすべての人間が互いに責任を負うている」。しかし、レヴィナスは続く文章ですぐに非対称性のテーマを強調する。

私、私自身はつねに他者よりも多くの責任を有しているのです。というのも、他者の責任についてもさらに、私は責任を負うているからです。他者が私の責任について責任を負うているとしても、私は他者が私の責任について負うている責任についても依然として負うています。そしてそれは、*Ein ladavar sof* ――つまり「けっして終わることがない」のです。トーラーの社会のなかで、このプロセスが無限にくり返されるのです。万人に認められ、万人に帰せられたあらゆる責任の彼方に、私はこの責任について責任を負うというさらなる事態がつねにあるのです。これは理想です。が、人間の人間性にとって不可分である理想です……。

(25) "The Pact," in *The Levinas Reader*, 225-226.〔「条約」『聖句の彼方　タルムード――読解と講演』合田正人訳、法政大学出版局、一九九六年、一四三頁〕。

（ii）顔、vs痕跡、。レヴィナスは「顔の非現象性[26]」について語り、続けて次のように言っている。

顔の裸出性および貧困による強迫、この撤退ないし死ぬことによる強迫、このような強迫においては、総合と同時間性が拒まれる。かかる強迫によって、近さは、一種の深淵として、引き裂くことのできない存在の存在することを中断する。[27]近くに迫った顔、皮膚との接触——皮膚によって重みをかけられた顔、そして皮膚のうちで、猥褻とも言える仕方で変質した顔が呼吸する——は、すでに自分自身に現前することはない……。

そしてまさに次の頁にはこうある。[28]

現れることが欠損してゆく、このまさに両義的な過程のなかで、強迫そのものが語られたことのうちに現出するとして、現象性は欠損して顔と化す。[29]若々しい公現によって、顔の依然として存在する美によって、現れることは粉砕された。しかし、顔の公現の若さは、当の若さのうちですでに過ぎ去っている。皮膚はしわのよった皮膚であり、自分自身の痕跡である。自己の現われに臨在し、若さによってみずからの見せかけの形を突き破る至高の現前であると同時に、すでにして、一切の現前の失墜、現象以下のものであり、みずからの悲惨をひた隠しながら、私に命令する貧困でもあるような両義的形態なのだ。

ここでの理念の一部は、私があなたの身体としての顔、あなたの肌そのものをじっと見つめるときでさえ、私は聖書的な意味において「互いに顔を合わせてあなたを見て」はいないないし、「みずからの悲惨さをひた隠しながら、私に命令する」あなたとは出会わないし、出会うことができないということである。私はここに神の属性を〈他者〉へ転移しようとするレヴィナス的比喩を見る。[30] ちょうどわれわれが神をけっして見ることなく、せいぜい世界における神の現前の痕跡を見るだけで

（26） *Otherwise than Being or Beyond Essence*, 89.〔前掲『存在の彼方へ』、二一四頁〕。

（27） 私は「引き裂くことのできない存在」の存在することを「中断する」という考えを、レヴィナスによるデカルトの証明の読解においてわれわれが出会った考え、つまり「存在の亀裂」のような、他者が一切の私の範疇を破壊するような考えを反映するものと考えている。

（28） *Otherwise than Being or Beyond Essence*, 90.〔前掲『存在の彼方へ』、二一六—二一七頁〕。

（29） この点についてのレヴィナスの注において、「強迫」の観念——私を束縛する者としての他者の承認、つまりすぐれて倫理的な関係のためのレヴィナス的な用語——は「無限」に結びつけられ、さらには「志向性」の彼方にあるもの、言い換えればふたたび形而上学的範疇の彼方にあるものとも結びつけられている。

（30） この場合は、「あなたは私の顔を見ることはできない。人は私を見て、なお生きていることはできないからである」〔『出エジプト記』第三三章二〇節〕という属性である。

あるように、われわれは〈他者〉の「顔」をけっして見ることがなく、その「痕跡」だけを見るのである。しかし「悲惨さと苦難」にたいする強調は、テクストの上では他者は死すべきものであるという認識と結びつけられているけれども、その自覚とだけ結びついているのではない[31]。それはまた他者の困窮、これに対応するような「私」の義務、すなわち他者に置き換わるほどに、そして殉教者と言えるほどに、他者のために犠牲になることにたいする「他のだれよりも多くの責任」をつねに負っている「私」の義務へのレヴィナスの強調と結びつけられている——これが、この章の最後で私がコメントしたいことである。レヴィナスによる人間のイメージにおいて、他者の可傷性はレヴィナスが啓蒙主義的な人間的本質のきらめくイメージとして考えているものとは対照的に強調されるものである。

(iii) 高さ。フィリップ・ネモとのある会話のなかで、レヴィナス自身によるこのような比喩の説明がここにある。

ネモ——あなたは、他者の顔に「気高さ」や「高さ」がある、と語っています。〈他者〉の方が私よりも高いというのは、どういう意味なのでしょうか。

レヴィナス——「汝、殺すなかれ」が、顔の語る最初の言葉です。これは一つの命令です［ふたたび〈他者〉には神のような属性が与えられる！——ヒラリー・パトナム］。顔の出現のなかには、あたかも主人が私に語りかけるかのような、ある掟があるのです。しかし同時に、他者の顔は貧しいものでもあります。それは私が、そのためだったらどんなことでもなしうるし、また、それにたいしてすべてを負っているような貧しいものなのです。そして、私はと言えば、私がだれであれ、「一人称」として、呼びかけに応答するための方策を見出す者なのです。

ネモ——こんなふうに言いたくなります。ある場合には、あなたの言うとおりです。しかし、別の場合には、逆に、〈他者〉との出会いが、暴力や憎しみ、軽蔑といった形をとって起こることがあります、と。

レヴィナス——たしかにそのとおりです。しかし、そのような逆転を説明できるような動機がどんなものであれ、たった今おこなった顔の分析、〈他者〉の優越と貧しさ、私の服従と豊かさとを含むこの分析が、根本的なものだと私は思います。この分析はあらゆる人間関係の前提をなすものです。そうでなければ、私たちは開いているドアの前で、「お先にどうぞ」などと声をかけることさえしないでしょう。私が言い表そうとしたのは、この原初的な「お先にどうぞ」だったのです。(32)

---

(31) この文章の二つあとで、レヴィナスはこう書いている。「生はデスマスクの絶対的不動性のうちで今なお留められていない。有限性の有限化は現れではなく、それをヘーゲルは「直接的に自分自身の無であるような存在」として示すことができた」。

(32) *Ethics and Infinity*, 88-89.〔前掲『倫理と無限　フィリップ・ネモとの対話』、一一一—一一二頁〕。

（異教徒にとっての）ユダヤ教の価値

私が擁護しているテーゼは、この深遠な独創的思想家の思想を理解するさい、次の二つの事実、すなわち⑴レヴィナスはユダヤ教の原典とテーマを用いており、そして⑵（レヴィナスは正統派のユダヤ教徒であるのだから逆説的だが）彼がユダヤ教を普遍化しているという事実を知ることが重要だということである。

とはいえ、レヴィナスのユダヤ教がカリスマ的な人間にたいする「リトアニア的」不信を示していることをおぼえておく必要がある。[33] もしキリスト教が、ある個人が彼／彼女の生活へ入り込む救済者のカリスマ的現前を感じる瞬間に価値をおくならば、レヴィナスが示しているように、ユダヤ教はカリスマ的人間を疑う。こうして彼は、「成年者の宗教」のなかで次のように書いている。

> 「ユダヤ教の」努力のすべて――聖書から六世紀のタルムードの完成まで、そしてラビ学の偉大なる時代のタルムード注解者の大部分を通じて――は、神の聖潔を、この語のヌミノーゼ的意味とはまったく別の意味で理解することにあります。……ユダヤ教はこのような人間を高揚させる形式のいかなる急激なぶり返しにも無縁であり続けています。ユダヤ教は、そうした形式を偶像崇拝の本質として告発するのです。
>
> ヌミノーゼ的なものや聖なるものは、人間をその権能と意志を超えて包み込み、連れ去りま

す。しかし、真の自由はこうした抑制不能な過剰に憤慨するのです。……ある点では、この神の秘跡的な力はユダヤ教にとっては、人間の自由を損なうものとして、人間の教育と反対のものとして現れます。教育は、自由な存在にたいする作用であり続けます。とはいえ、自由が目的それ自体であるわけではありません。そうではなく、自由は人間が到達しうるすべての価値の条件であり続けます。私を包み込み連れ去る聖なるものは、暴力の形式なのです[34]。

そして「ユダヤ的ヒューマニズムのために」のなかで、レヴィナスはこう書いている。「何世紀ものあいだ、ユダヤ人はかくも危険を冒して教会の呼びかけに否と答えてきた。この否は不条理な頑固さではなく、旧約聖書の重要な人間的真理が、新約の神学において失われているという確信を表している[35]」。

(33) リトアニアの諸地域――とくにヴィリニュスとカウナス――は、アシュケナージ・ユダヤ人の学問の重要な中心であった。リトアニア・ユダヤ人は、厳格な議論にたいする固執や、ハシディズムと結びついた熱狂的でカリスマ的な宗教性にたいする軽蔑で知られていた。レヴィナス自身はカウナスで生まれた。

(34) *Difficult Freedom*, 11–23.〔前掲「成年者の宗教」『困難な自由』、一四―三二頁〕。

(35) *Difficult Freedom*, 273–276.(引用は p. 275 から)。〔「ヘブライ的ヒューマニズムのために」、前掲『困難な自由』、三六二―三六七頁〕。

レヴィナスが普遍化している「重要な人間的真理」とはなにか。明らかに彼の「ユダヤ教」の概念は選択的であると同時に特異である。[36] しかし、それは根拠がないわけではない。ラビ・ユダヤ教は第二神殿が崩壊した後に完全に変化してしまった。この変化は、ユダヤ教の聖書そのものを含む一切の宗教テクストを文字通り解釈の無限のプロセスのもとにおくことを意味する（デイヴィッド・ハートマンは最近、ユダヤ民族を「解釈共同体」として描いている）。[37] ラビ・ユダヤ教を創設した世代、すなわちエルサレムの崩壊を目撃し、神殿ではないところで新しい礼拝形式の構築をヤブネにおいてはじめた世代のなかには、ラビ・ヨハナン・ベン・ザッカイ、ラビ・ガマリエル、ラビ・ヨシュア・ベン・ハナニア、そしてすぐれた学識を備えたラビ・エリエゼル・ベン・ヒルカヌスのような人物がいた。タルムードのある物語（Baba Metzia 59a–b）は、ヤブネの集団における何人かの他のメンバーと論争するなかで、エリエゼル・ベン・ヒルカヌスが自分が義しいことを証明するために、（そのときに生じた）「天の声」（*bat kol*）を含む一連の奇跡を求めたが、天の声といい、、、奇跡があったにもかかわらず議論に負けてしまったと述べている。「われわれは天の声に注意を払っていない」とラビたちは神に伝えた。「なぜならあなたはすでにシナイ山でのトーラーのなかで「多数者に追随して」と書いたからである」。[38] タルムードはわれわれに神の反応を示し続けている。ラビ・ナータンは預言者エリヤ「に偶然会って」、神はその時なにをしたのかと尋ねた、とタルムードは物語っている。エリヤは言った。「神は微笑み」、「私の子どもたちは私を打ち負かした、私の子どもたちは私を打ち負かした！」と語った、と。

タルムードそのもののなかで、何人かの注釈者は奇跡は夢にすぎず、実際には生じなかったと主張するのにたいして、ヤブネにおけるこの決定的な会議でユダヤ教が、レヴィナスが「ヌミノーゼ的なもの」と呼ぶものから目をそらしてしまったことは明らかである。人間の自律はこれ以後、神の戒律が意味するものを決定するさいに影響力をもつことになった。[39] たしかにモーセ五書においてモーセはシナイでヌミノーゼ的な経験をした者として描かれているが、その経験は伝統的なユダヤ人の宗教的経験のモデルとしては取り上げられない。むしろ、伝統的なユダヤ人の立場は彼女あるい

---

(36) たとえば、ユダヤ教のなかに「カリスマ的な」動向が存在しないというのは真実ではない（ハシディズム、メシアニズムのさまざまな傾向を考えてほしい）。しかし、ユダヤ教に言及されるとき、ほとんどの場合、それは厳格な形のユダヤ教を指している。ハシディズムはいつも主流から外されている。ブーバーとヘシェルはそうした規則の例外となっているが。

(37) *A Heart of Many Rooms: Celebrating the Many Voices within Judaism* (Woodstock, Vt.: Jewish Lights Publishing, 1999).

(38) 『出エジプト記』第二三章二節。ラビたちは、ユダヤ人の律法は大多数の偉大な学者たちの投票によって決められるという原則を正当化するために、きちんとした理由づけなしに『出エジプト記』第二三章二節を例として挙げた。

(39) これについては次の研究を参照されたい。*A Living Covenant: The Innovative Spirit in Traditional Judaism* (Woodstock, Vt.: Jewish Lights Publishing, 1997) by David Hartman, and *Rational Rabbis* (Bloomington: Indiana University Press, 1997), by Menahem Fisch.

は彼にヌミノーゼ的な経験を与えなかった神に〈命令される〉という、深い経験を感じる立場である。神の現前の「痕跡」とは戒律を証言する伝統であり、それが意味するものを解明し続ける解釈共同体である。

レヴィナスは、このようなイメージを少なくとも二つの理由で修正する。第一に、彼が対象とした読者は、私が強調したように、まさにユダヤ人ではなく人類全体である。そして第二に、たとえ彼があるユダヤ的テーマを普遍化するとしても、異教徒をユダヤ教へ改宗させようとはしない。彼は聖パウロをまねようとはしていないのである。ミツヴォット（「命令」）の詳細とは、彼が自分の「一般的」聴衆に学ばせようとしたり、従わせようとしたりするもの（それは彼らがとりわけユダヤ教へ改宗するためになさなければならないことである）ではなく、むしろラビ・ヒレルが二つの有名な定式「人類を愛しなさい[40]」と「あなたにとって不愉快なことをあなたの隣人にしてはいけない。これがトーラーの全体であり、残りは単なる注解である[41]」で示した根本的命令である。

それゆえ、レヴィナスが解釈したような「旧約聖書における重要な人間的真理」には次のことが含まれている。すなわち、(1) すべての人間は彼／彼女自身を他の人間の貧困、苦難、可傷性に応じられるように準備しておくことを命令された者として経験すべきである。神を愛し、あなた自身のようにあなたの隣人を愛しなさいという命令が敬虔さという規範的なユダヤ教の理想に従って生きる者の目の前にあるのと同じように、このことはみずからの魂を拘束するものとしてある。それどころか、ヒレルと同じく、レヴィナスは「残りは単なる注解である」と考えている。(2) これがいかにして可能かという哲学的説明がなくても、これがある者から命令されていることは知ることができる――それどころか、知らなければならない。レヴィナスの思想におけるこのような傾向を「ユダヤ的」とすることは、教養あるすべての人間がなんらかの仕方でプラトンやプラトン以後の哲学を熟知していたと学者たちが主張したヘレニズムの環境のなかでタルムードが生み出されたにもかかわらず、そのタルムードがいかなる仕方でもその哲学には言及していないという注目すべき事態である。ほんのわずかなユダヤ人たち――たとえば、アレクサンドリアのフィロン――は、ギリシア哲学とユダヤ教という宗教を総合しようとした。そして十世紀、十一世紀、十二世紀にならなければ［もちろんマイモニデスだけでなく、サディア・ガオン、バイヤ・イブン・パクダ、そしてアブラハム・イブン・エズラのような人物とともに］、この試みが重要な影響力をもつことはいかなる形でもなかったのである［その場合にもマイモニデスによるユダヤ的律法の集成は彼の哲学よりも影響力があった］。(3)「私自身」が神の命令を受け取ったという私の認識は、形而上学的基礎を欠いているだけでなく、個人的なエピファニーのようななにかに基づいているのでもない。私には〈命令者〉の「痕跡」だけがあり、けっしてエピファニーではないのである。

---

(40) BT (Babylonian Talmud), *Pirqei Avot*, I: 12.
(41) BT *Shabbat* 31a.

〈ユダヤ人にとっての〉ユダヤ教の価値

レヴィナスが異教世界に向けて語るさい、根本的なユダヤ的価値を普遍化しようとしているとしても、ユダヤ的世界——とくに近代文化に参加するユダヤ人や彼自身と同じように近代文化の多くの達成物を評価するユダヤ人に向けて語るさい、たしかにある程度彼が普遍主義に抵抗しているのは真実である。それゆえ、「ユダヤ教と現代」と題された感動的なエッセイのなかで、レヴィナスは次のように書いている。「ユダヤ人たちは、〈解放〉[42]以降、〈理性の天使〉と格闘している。この天使はしばしばユダヤ人たちの心を引きつけてきたもので、二世紀前からはユダヤ人たちをとらえて放さない。ヒトラー主義の経験と同化への失望にもかかわらず、生の偉大な使命が普遍的で等質な社会の呼び声として響き渡っている」[43]。

レヴィナスは、このような〈理性の天使〉の要求にたいする抵抗を促し続けている。しかし、「普遍的で等質な社会」に抵抗するというレヴィナスの概念は、改革派ユダヤ教のようなユダヤ教の内部にある解放的運動と戦うことを望まない。事実、次の文章でレヴィナスはこう書いている。「私たちは現在の生活の近代主義が安息日と儀礼的食物の遵守と両立するか、あるいは律法の束縛を緩和すべきかを判断する必要はない。こうした重要な問題は、すでにユダヤ教を堅く信じている人々に対して生じるものである。彼らは、厳格さ、勇気、義務に対する自己の考えに従って、正統派か改革派を選択した。一方が必ずしも偽善的であるわけではないし、他方がつねに安易さに従っているわけでもない。とはいえ、これは内輪のもめごとである」［強調はヒラリー・パトナム］。

また〈理性の天使〉にたいする抵抗は、モーセ五書——そして伝統的なユダヤ教の説明においては「口伝トーラー」、タルムードもまた——がシナイ山で神によってモーセに授与されたという教義の字義通りの真理を信じることもまた要求しない。次の頁でその続きをレヴィナスは書いている。

……ユダヤ教は以前から脅かされていた。宇宙論と科学的歴史学はその盛期に聖書の知に危機をもたらした。文献学は聖書そのものの特別な性格を疑い、聖書はその無限のうねりによって放り出され渦巻いているテクストの海へと解体されてしまった。こうした攻撃にたいして護教論は進歩的な論拠を議論することで答えることを選んだ。しかし、信者たちは攻撃にたいしてなによりもある宗教的真理の内面化によって対抗した。聖書に宇宙論が含まれておらず、むしろ揺るぎない内的確信に必要な象徴、絶対的なもののうちに定位した宗教的魂へと語りかける人物像が含まれているならば、科学による聖書的宇宙論の反駁についてなぜ心配するのか。聖典が豊かな内在的価値をもつならば、それが書かれたとされる日付と起源に挑戦する文献学と

（42）〈解放〉への言及が示しているのは、ここで語られているのがフランス・ユダヤ人であるということだが、レヴィナスが続けて語っていることは明らかに近代に生きるあらゆるユダヤ人に関わっている。

（43）“Judaism and the Present,” 252-259 in *The Levinas Reader.*（引用は p. 255 から）。〔「ユダヤ教と現代」、前掲『困難な自由』、二七七—二八七頁（引用は二七九頁）〕。

歴史学にどんな重要性があるというのか。個別の啓示の聖なるきらめきは、たとえ歴史のさまざまな時期に発したとしても、必要とされた光を生み出したのである。そのきらめきが収斂しているという驚異は単一の起源という驚異に劣らず驚異的なものである。[44]

この点でレヴィナスは複雑な弁証法に入っていく。[45]「イスラエルの永遠性は傲慢な、あるいは幻想に夢中になった民族の特権ではない」と彼は語る。しかし「この永遠性は存在のエコノミーにおいてある役割を有している。それは理性の営みそのものに不可欠のものである」。彼の論ずるところでは、正義は「ある堅固な場を必要とする」。そして堅固な場は単なる抽象物ではありえず、抽象的な理性でさえありえない。そうではなく、「ある内面性、ある人格」でのみありうる。「人格はそれ自体にとって不可欠である以前に、正義にとって不可欠なものである」。彼は少しのあいだサルトルを批判するためにわき道にそれ、サルトルの著作におけるコミットメントを強調する人々が、サルトルの主要な関心はアンガジュマンのただなかにある離脱（*dégagement*）を確保することであったことを忘れていると指摘する。しかし、「実存が提起する諸問題を前にして、次第に高く現実の上空を飛翔するために重荷を捨て去ることは、最終的に犠牲の不可能性、すなわち自己の消滅へと行き着く」とレヴィナスは主張している。

この離脱（*dégagement*）、現実の上に立つ試み、あるいは現実をある抽象的なレベルから引き下げることを正当化する試みにたいするユダヤ教の代案とはなにか。ユダヤ教は「律法、道徳的規準への忠誠」を肯定する。しかし、「これは物の身分への逆行ではない。なぜならこの忠誠は原因と結果の安易な魔法を断ち切るからである。それゆえ、原因と結果を裁くことが可能となるのだ(46)」。『救済の星』におけるローゼンツヴァイクの主張、すなわち「ユダヤ教は「世界史的」宗教と文明のヘーゲル的弁証法の外側に完全にある」という主張をいちじるしく思い出させる一節で、レヴィナスは次のように書いている(47)。

---

(44) Ibid., 255–256.〔同書、二八一—二八二頁〕。

(45) この段落の引用はすべて p. 256〔二八二—二八三頁〕である。

(46) Ibid., 256.〔同書、二八三頁〕。

(47) Ibid., 256–257.〔同書、二八三—二八四頁〕。エフライム・マイアーが私に指摘したように、ユダヤ教が弁証法の外部に立たなければならないのは、レヴィナスがユダヤ教の働きを倫理的なものとしているからである。そこから歴史的「発展」がそれ自体批判されうるある立場が必要なのであり、その立場が倫理的立場である。しかし、レヴィナスは素朴ではない。倫理的立場は一連の無時間的な原理や規則ではなく、一切の原理や規則よりも基本的なものである。倫理と政治の関係については次のものを参照されたい。"Paix et proximité," in *Emmanuel Levinas, Les Cahiers de la nuit surveillée* 23 (Lagrasse : Editions Verdier, 1984), 339–346. 次のものも参照されたい。"Liberté et commandement," *Revue de metaphysique et de morale* (1953), reprinted in E. Levinas, *Liberté et commandement* (Paris : Fata Morgana : 1994), 27–53. この主題については次のものを参照されたい。Ephraim Meir, "milhama v'shalom behagut shel levinas," *Iyyun* 48 (1997) : 471–479.

ユダヤ教はその時代との一致における不一致である。語の根源的な意味において、それは時代錯誤であり、現実に注目し、これを変えずにはいられない若さと、すべてを目にし、事物の起源まで遡行する老年が同時的に存在することである[48]。自己の時代に順応するという欲望は、人間にとっての至上命令ではなく、すでに近代主義そのものに特有の表れである。それは内面性や真理の放棄であり、死の甘受であり、卑しい精神の持ち主にとっては享受に満足していることである。一神教とその道徳的啓示は、あらゆる神話を超えて、人間に根本的な時代錯誤の具体的遂行となっている。

このようなユダヤ的特殊主義の擁護が、それ自体普遍的言語で表現されていることは注目すべきである。倫理は理性に基礎づけられず、「他者と向かい合いたい」という切望に（たとえわれわれが実際に目にしているすべてがお互いの顔の「痕跡」であるとしても）、つまり望んで他者のために犠牲になり他者の苦難の代わりになることに基礎づけられなければならないということ、この一つの〈命令〉は存在のうちの一つの亀裂に類似しているということ、そして（ネーゲルのフレーズに戻ると）「どこでもない場所からの眺め」のうちに一切のものを含もうとする西洋思想の切望が道徳的根拠に基づいて抵抗されなければならないということ、これらのことがもし本当ならば、それはすべての人々にとって真実な事柄である。しかし、私が引用してきたエッセイは、若いユダヤ人たちをして「ユダヤ教に背を向けさせない」ためのアピールである。「というのも、白昼夢のようなユダヤ教は、彼らに現代の諸問題について十分な解明を示してくれないからである」。彼らは「啓示が光を与えるものであって、処方箋を教えるものではない」ことを忘れているとレヴィナスは語る。「彼らはアンガジュマン——いかなる対価を支払っても行われるアンガジュマン、向こう見ずで背水の陣のアンガジュマン……だけでは、安楽さへの欲望に駆られての離脱——そこでは、ユダヤ教の困難な任務をブルジョワ的安楽の付属品たる単なる告白へと変容させた社会が硬直化している——と同じように非人間的なものになってしまうことを忘れている」(49)。

レヴィナスは、彼が「ユダヤ教」と呼ぶものを、彼自身による独特な種類の倫理的一神教に単に還元しているだけなのだろうか。

現実的になにが正統派ユダヤ教を特徴づけているかと問うならば（たとえレヴィナスがかなり異質なユダヤ人であるとしても、正統派のユダヤ人であった）、私はたいていのユダヤ人は「学習とミツヴォット」と答えると思う。もし彼らがそのように答えるならば、それはレヴィナスがここで「ユダヤ教」と呼んでいるものにどこで加わるのだろうか——とはいえ、私は「学習とミツヴォッ

(48) われわれが第一章で言及した、ユダヤ教は非歴史的な宗教であるというローゼンツヴァイクの主張と比較されたい。

(49) *The Levinas Reader*, 257.〔前掲「ユダヤ教と現代」『困難な自由』、二八五—二八六頁〕。

ト」について説明しなければならない。

mitzvah（*mitzvot* の複数形）は「命令」と翻訳されるが、その翻訳は二重にまぎらわしい（字義的には正しいけれども！）。まずそれは誤解を招きやすい。というのも「命令」は「十戒」を喚起しないではいられないし、また十戒は十のミツヴォットではなく、ユダヤ教の聖書における十の *d'varim*、十の格言を意味している。第二にそれは次の理由でまぎらわしい。なぜならあらゆる宗教が「命令」をもっているのにたいして、あらゆる宗教がミツヴォットをもっているとは限らないからである。ミツヴォットにとって特徴的なことはそれが一つの体系、すなわち「世俗的」と表現された諸部分を含む、考えられうる全生活の一部を聖別できる機能をもった体系を形成していることである。「ミツヴォットを守ること」は生き方の全体であり、神の栄光を讃え、正義の実例とならなければならない方法である。

神からの命令（無限なるものからの命令）と類似した根本的義務のイメージは、レヴィナスの思考方法の全体にとって中心的なものである。しかし、レヴィナスはすべての人が、たとえばユダヤ教の安息日を守り、あるいはユダヤ教の食物規定を守ることでミツヴォットを守るべきだとはきっと言わない。それどころか、彼は「近代の生活」が、「われわれが律法のくびき（正統派ユダヤ教を遵守するユダヤ人がまさにどんなミツヴォットを守ることを要求されているかということの決定）をはずすべき」だと要求していると考えるユダヤ人たちにたいして、驚くほど寛容である。なぜなら、おそらく彼はそのようなユダヤ人たちを、正義の要求に応えるために伝統的で敬虔な生活を捨て去ったユダヤ人と見ているからである。

学習はミツヴォットの一つであるが、それはまたミツヴォットと善き行為が作り上げる「すべてと同等のもの」として描かれている。なぜなら学習はそのすべてに至るからである。[50] 伝統的なユダヤ教の宗教性についてもっとも特徴的なことは学習におかれた強調、（聖書そのもの、ユダヤ教を創り上げたテクスト、あるいはむしろユダヤ教のテクスト群のあとで）とくにタルムードの学習に、そしてユダヤ教の律法の解釈におかれた強調である。

私はレヴィナスのうちにミツヴォットに関する持続的な議論を少しも見つけることができなかったけれども、ユダヤ教のテクスト群の学習を強調する点においては、彼は伝統と一致している。レヴィナス（学問的基準に従えばすぐれたタルムード学者ではないけれども）はタルムードにおける一節を倦まず講義し解釈し、しばしば彼自身の哲学をその一節に読み込んだが、にもかかわらずタルムードの学習の喜びを伝えることにけっして飽きることはなかった。「ユダヤ教と現代」において、ユダヤ教の「時代錯誤的」性格を強調し、「この偽りの永遠」（「古代ギリシアやローマの死滅した文明」の永遠[51]）とどのように異なるかを説明したあとで、レヴィナスは続けて次のように言う。

（50） BT *Kiddushin* 40b.

（51） *The Levinas Reader*, 257.〔前掲「ユダヤ教と現代」『困難な自由』、二八四頁〕。

しかし、歴史が触れることのできない本質的内容は、公教要理のように学ばれうるものではなく、信仰箇条のように要約されるものでもない。それはまた、定言命法のように否定的、形式的な言表に限定されるわけでもない。カント主義はユダヤ教の代わりにはならないのである。ユダヤ教がなんらかの人種的な特権や奇跡によって与えられるなどということは、さらにありえない。ユダヤ教は、典礼と精神の寛大さであるような生活様式において獲得される。この生活様式においては、人間的兄弟愛と現在への注視が現代世界との関係において永遠の隔たりと両立する。それは、禁欲すなわち闘士の養成のようなものである。最後にユダヤ教はトーラーの学習として知られた独特の形式の知的生活において獲得され維持される。それは啓示の内容の絶えざる再開であり、革新である。そこでは人間の冒険のなかにあるすべての状況を判断することができるのだ。啓示が見出されるのはまさにここである。すなわち、さいは投げられていないし、預言者やタルムードの賢者たちは抗生物質や原子力についてなにも知らないものの、その新しさを理解するのに必要な範疇は、すでに一神教の手元にある。一神教は、科学と歴史に関する叡智の永遠の先行性である。一神教がなければ、成功が理性に等しいものとなり、理性は自己の時代と折り合って生きる必要に等しくなるであろう。(52)

それゆえ、ここがユダヤ教の普遍化が止まるところであり、普遍主義への抵抗がはじまるところである。なるほどレヴィナスが異教徒たち(あるいはいわゆる「一般大衆」)に向けて語るとき、彼はまた抽象的理性の普遍化に抵抗し、そして「内面性、人格」はわれわれが正義と倫理の堅固な土台を見つけることを目指すべき場所であると教える。しかし、彼は異教徒たちにたいして、伝統的なユダヤ教における「典礼と精神の寛大さ」が彼らのうちにもっている相応物、「トーラーの学習として知られる独特の形式の知的生活」との相応物であるかもしれないものを、けっして告げようとはしない。

他者との関係を離れて神に内容はない

レヴィナスにとって、神、あるいは「無限者」は主題化できない。[53] このことは概念が無内容であることを意味しない。というのも、「いかなる教義的な内容ももたない超越は高さの次元から[54]」、すなわち「他者の高さ」を通じて「無限者の栄光」を私が経験することから「ある内容を受け取ることができる」（ブーバーが見過ごしたことで非難された）可能性が存在するからである。

（52） Ibid., 257.〔同書、二八四―二八五頁〕。
（53）「無限者は、主題と化した存在に組み込まれたりはしない」。*Otherwise than Being*, 146.〔前掲『存在の彼方へ』、三三四頁〕。
（54） "Martin Buber and the Theory of Knowledge," in *The Levinas Reader*, 70.〔「マルチン・ブーバーと認識の理論」『固有名』合田正人訳、みすず書房、一九九四年、四三頁〕。

この可能性は（『存在の彼方へ』において）次のように表現されている。

> 迫害の外傷によって帝国主義的でかつ邪悪な主体性をはぎ取られた自我は、無限者の証しとしての「われここに」［*hineni!* ――ヒラリー・パトナム］に連れ戻される。しかし、この証しはそれが証しするものを主題化することがなく、その真理は表象の真理、明証性ではない[55]。証し――存在の規則にたいする例外という唯一無二の構造であり[56]、表象には還元不能のもの――は、無限者のみを証しする。無限者を証しする者にたいして、無限者が現れることはない。無限者の栄光が称えられるのは証人の声によってである[57]。

しかし、われわれがここで感じる宗教的感情にもかかわらず、無限者にはその倫理的内容を超えた内容がない。レヴィナスはこのことを強調している。たとえば、フィリップ・ネモとの議論での質問において、レヴィナス自身が彼の著作における神という言葉の内容に関する問題を提起し、次のように答えている。

> 『全体性と無限』という表題が告知していた無限はどうなってしまうのか、と考えているのですね。無限は、顔の意味作用そのものを通じて私に思い浮かんできます。顔は無限を意味します。無限はけっして主題として現れることはありませんが、この倫理的な意味作用そのものの

なかに現れてきます。つまり、私が正しければ正しいほどそれだけいっそう私には責任があるということによって現れ出てくるのです。他者にたいして責任を免れることはけっしてありません。(58)

評価といくつかの異議

二十世紀思想にたいするレヴィナスの独創的な貢献をいかにして認めることができるのか。『レヴィナス読本』のカバーのように、彼が「デリダ、リオタール、ブランショ、そしてイリガライにインスピレーション」を与えたと語ることは、われわれ全員にとって純粋なお世辞にはならない！　私はレヴィナスの思想と、倫理的直観主義の思想とのあいだには類似性があるという趣旨の（会

---

(55)　ここでレヴィナスは、明証性という語を「仮説の明証性」の意味ではなく、現前あるいは暴露の意味において用いている。

(56)　次の段落でレヴィナスは、この「存在の規則にたいする例外」という理念をわれわれが先に議論したデカルトの証明と結びつける。「デカルトにおいては、無限の観念は無限の観念を内包しえない思考のうちに宿っていたのだが、かかる無限の観念は栄光と現在との不均衡を表している」(146)〔前掲『存在の彼方へ』、三三三頁〕。

(57)　*Otherwise than Being*, 146.〔前掲『存在の彼方へ』、三三二―三三三頁〕。

(58)　*Ethics and Infinity*, 105.〔前掲『倫理と無限　フィリップ・ネモとの対話』、一三一―一三二頁〕。

話においてなされた）ハリー・フランクフルトの主張からはじめたい。私が行いたいことは、比較のなかでの真理の要素とそのようなすべての比較の限界の両方を認めることである。

直観主義者と同様に、レヴィナスは倫理を根拠づけるために抽象的議論に訴えはしない。私が「他者に *hineni* と語るための根本的義務」と呼んだものは、抽象的理性によって到達するのではなく、感じることが期待されるなにかである。とはいえ、とくにムーアとは異なる重要な違いがある。すなわち、そのあらゆる次元において他者にたいする私の義務の認識は人格としての他者と私の関係のうちに基礎づけられる。ムーアにとって、倫理的直観はほとんどプラトン的である。私は「非自然的な性質」を認識する。他の直観主義者にとって、私が直観することになっているのはムーア的「善」ではなく、義務そのものである。しかし、レヴィナスにとって、もし私が「直観する」なにかがあるならば、それは他の人格の現前である。

この点で、レヴィナスは直観主義者たちよりもヒュームに近いと思われるかもしれない。ヒュームにとっても、結局のところ倫理はプラトン的な普遍あるいは他の「非自然的」実在ではなく、人々にたいするわれわれの反応に基づいている。しかし、われわれがすでに見たように、重要な違いがある。ヒュームにとって、それは他の人格の同質性の認識であり、他の人格にたいする私の共感であり、これこそが必須条件である。とはいえ、それだけでよいわけではない、とレヴィナスはわれわれに語る。もしあなたが共感している人々にたいしてのみ義務があると感じるならば、あるいはあなたが「私に似ている」とみなすことができる人々にのみ共感するならば、あなたは少しも倫理的ではない（これはカントによってすでに指摘された点である）。それどころか、あなたはあなた自身のエゴの内部にいまなお閉じ込められているとレヴィナスは言うだろう――すなわち、あなたの「倫理」は根本的にはナルシシズムである。

同時に、レヴィナスはカントからはるかに遠い位置にいる。カントにとって、倫理は基本的に原理、そして理性の問題である。原理を受け入れ、原理に基づいて〈理性〉からのみ行為する「尊厳」の経験は、すぐれて倫理的な経験である。レヴィナスにとって――そして私はここで彼に同意する――、不可欠の経験は別の人格に応答する経験であり、そこでは他の人格も私の応答もその決定的な瞬間に普遍的なものの事例とみなされはしない。他者はどんな抽象物の事例でもなく、「人類」でさえない。彼女は彼女が存在している通りの彼女である。そして、私の応答はどんな抽象的な規則の要請でもなく、定言命法でさえもない。それは単に私がなすために「招かれた」ことを、その場ですぐに行うという問題である。

ここで独創的な（そして私が重要で力強いと考えている）ものは、倫理は人々との関係、しかしナルシシズムから完全に解放されている関係に基づくことができる――基づかなければならない――という理念であり、さらに強調して言えば、ナルシシズムから解放されるために人は他者の「他性」、他者の多様な差異を尊重しなければならないという理念である。私が私の倫理的義務を認識することは、他者を（字義通りにも比喩的にも）「包括」しようとするどんな「身振り」にも依存してはいけない。倫理は抽象物ではなく、人格の認識に基づいているという理念と、倫理的認識は十分に他性を尊重しなければならないという理念をこれほど強力に結びつけたどんな倫理的哲学者も他に私は知らない。

三番目の中心的なレヴィナスの理念――レヴィナスがそれに言及することなく対話者に応答するどんな箇所も見つけるのが困難であるほど主要な理念――は、倫理的関係の非対称性である。倫理的生活に入っていくためのレヴィナス的な必要条件――それは「その名にふさわしい」いかなる意味においても人間的生活に入っていくことだ――である根本的態度（たとえレヴィナスがそう呼ばなくても、私はそれを一つの「態度」と呼びたい）とは、次のことを認めることを意味する。すなわち、人は他者をこのような義務ある者とみなすことはないが、同時に他者の困窮にいつでも応じられるように自分自身準備しておく義務がある、ということである。レヴィナスは、まさにこの点で「契約主義者」の反対に位置する。

レヴィナスにとって倫理的生活が規範的な意味において「人間的」と呼ばれうる唯一の生活だと私が言うとき、私は（リチャード・ローティが言うかもしれないように）倫理的生活にたいして単に「賛辞を述べている」わけではない。レヴィナスの現象学において、倫理的生活に加わらなかったこと、「他者の高さ」に「取りつかれ」なかったことは、自分自身のエゴの内部に閉じ込められることであった。倫理がなければ、人はこのイメージにおいて世界にすら入ることができない。

このすべてについて私は説得的で魅力があると思う。しかし、私は問題と感じたレヴィナスの哲学のある局面にたいするいくつかの批判で本章を終えたい。

フィリップ・ネモとの議論における別の個所で、レヴィナスは次のように言っている。(59)

レヴィナス――すでにどこかで言ったことがありますが、私は自分の被る迫害にたいして責任がありますーーこれはあまり引用したくない言葉で、別の考慮によって補足されなければなりません。しかし、それはもっぱら私に関することです! 私の「近親者」や「私の民族」はもうすでに他者であって、彼らのために私は正義を要求するのです。

ネモ――そこまで行ってしまうのですか!

レヴィナス――なぜなら、私は〈他者〉の責任にたいしてさえ責任を負っているからです。さきほどは極端な表現をしましたが、それはその文脈から切り離してはいけません。具体的には、他のいくつもの考慮が介在することで、私のためにさえ正義が要求されます。現実には、法がいくつかの帰結を退けています。しかし、他の人間にたいする責任の観念を活気づける無私無欲(dis-interestedness)の精神を正義が保持してはじめて、正義は意味をもちます。原則として、自我というものはその「一人称」から身を引き離すことなく、世界を担っています。主観性は他者にたいして責任を負うことを主観性に帰する運動そのものを通じて構成されるわけで

(59) Chapter VIII, "Responsibility for the Other," in *Ethics and Infinity*, 99–100.〔前掲『倫理と無限 フィリップ・ネモとの対話』、一二六―一二八頁〕。

すから、〈他者〉のための身代わりにまで行き着くのです。主観性は人質の条件――あるいは無条件――を引き受けます。主観性そのものがそもそも人質であって、他者のために罪を贖うところまで応答するのです。

こうしたユートピア的な考え方、自我にとって非人間的な考え方を披露すると躓かせてしまうかもしれません。しかし、人間の人間性――本当の生――は不在なのです。(60)

私は「こうしたユートピア的な……非人間的な考え方に躓かせ」られた人々の一人であることを認めなければならない。このことは私がこの引用において重点的に取り組みたいことではなく、次のように言いたいのである。すなわち、人は「具体的に介在する」ような条件を欠いているので、私は私自身の迫害にたいする責任にまで（他のコンテクストでは、自分自身を他者の身代わりとして差し出すまで――強制収容所を思い起こされたい！――、殉教にいたるまで）責任を負うことに同意することなく、私には説得力があると感じるレヴィナス的洞察のすべてを受け入れることができる、と。たしかに、他のだれか、彼の家族あるいは友人、もっと言えばあらゆる人々に彼の生命を与えようとしなかった者は「人間――本当の生」の水準に達してはいなかった。これはレヴィナスが語っていないと思われているなにかである。功利主義者はこのことをよく知っている。またたしかに別の人格ではないが、イデオロギーあるいは抽象物に彼の生命を与える者は異なる仕方で「人間――本当の生」を見落としてしまった。とはいえ、倫理的関係の「非対称性」はレヴィナスが進めるところにまで進められる必要はない。そして――かたくななアリストテレス主義者であるがゆえに――私はさらにそれを進めはしない。レヴィナスがそうしているのは、彼が倫理を「本当の生」の全体として考えているからだと、私は思う。しかし、たとえ殉教にいたるほどに倫理的であるべきだとしても、ひたすら倫理的であるということは一面的な生を送ることである。

しかし、このことは私が右記の引用において焦点を当てたいことではなかったと言った。私が焦点を当てたいことはほとんど付随的に思える数語である。「具体的には、他のいくつもの考慮が介在することで、私のためにさえ正義が要求されます」。

私の異議は、対立する倫理的要求を和解させる必要によって正義が要求されているという理念によるものではない。（人は純粋に還元主義的観点において正義にたいする必要を説明できるという理念は私には間違いであるように思える）。私を戸惑わせるのは、「具体的には、他のいくつもの考慮が介在することで、私のためにさえ正義が要求されます」という趣旨のあいまいな言明をともなったこのような極端な弁証法が、レヴィナスの著作に一度ならず登場することである。たとえば、

(60) レヴィナスは、もし人が「躓いた」ままでありつづけるなら、本当の生（人間の規範的な意味における人間的生）は不在であると言っている。さらに続けて次のような一節がある。「歴史的で客観的な存在のなかの人間性、つまり、その原初的な警戒心や覚醒状態にある主観的なものや人間的な心理現象の突破口とは、みずからの存在の条件を放棄する存在、すなわち存在するもの-あいだ-からの離脱 (dis-*interestedness*) なのです」。

『存在するとは別の仕方で』において、「人質というこの条件ないし無条件が自由にとって本質的な一様態であることは少なくとも明らかであろう。人質というこの条件ないし無条件は、傲慢な自我の自由にたまたま生じた経験的偶発事ではなく、自由の最初の様態なのだ」——すぐにこう続けられている。「たしかに——これは別のテーマであるが——万人にたいする私の責任が制限されたものとして現出することもありうるし、またそうでなければならない。つまり、万人にたいする無制約な責任の名において、自我が自己のことをも気遣うよう呼び求められることもあるのだ。私の隣人としての他者は別の他者にとっては第三者であり、この別の他者もまた私の隣人であるということ、それが思考の、意識の、正義の、哲学の誕生である[61]」。

ここでレヴィナスは人間の責任に関する彼の「ユートピア的」、「無制限の」ヴィジョンをふたたび述べると同時に、実践においてはそれが結局それほどユートピア的ではないとしてわれわれを安心させる。私は実践において無制限の責任が要求されるべきではないことに同意する。しかし、それは私が私の隣人の隣人であるからという理由だけではない。

私はアリストテレスに触れた。他者を愛するためには人は自分自身を愛することができなければならないことを私に教えたのはアリストテレスである。この思想はまったくレヴィナスとは異質であるように思える。それはレヴィナスからしてみれば、私は私の愛する人々によって愛された者として自分自身をせいぜい見ることができるように見えるだろう[62]。しかし、私はアリストテレスが正しかったと思える。私はまたレヴィナスの倫理学と現象学を「一面的なもの」として描いた。というのも、レヴィナスとブーバーの関係が根本的に競争的な関係であるとするのは一面的だと思うからだ。レヴィナスとは異なる「我―汝」関係を認めた者、「本当の生」の異なる必要条件を認めた者としてブーバーを見るよりも、レヴィナスはブーバーを（たしかな洞察をもっていたが）「本当の生」を誤解した者として見るにちがいない。しかし、倫理的生活は複数の必要条件をもっているのだ。

アイザイア・バーリンは、思想家を（一つの大きなことを知っている）「ハリネズミ」と（多くの小さなことを知っている）「キツネ」に分類したことで有名である。しかし、バーリンには失礼ながら、それはハリネズミとキツネのあいだの選択だけではない。倫理的生活が関わるところには、知っておくべきかなり多くの「大きなこと」がある。われわれは多くのハリネズミを必要としている。そしてきっとわれわれが耳を傾けるべき「ハリネズミ」の一つはエマニュエル・レヴィナスである。

(61) *Otherwise than Being*, 128.〔前掲『存在の彼方へ』、二九五―二九六頁〕。

(62) ミリー・ヘイドが素晴らしい夕食の会話で語ったのを私が聞いたレヴィナス的倫理にたいする批判。

あとがき

これまでの章において、私は話のついでにみずからの宗教的態度を簡単に述べてきた。というのも、序論で説明したように、本書を書こうとした私の関心は、自分の宗教的態度を示すためではなく、その難解で精神的に深い著作を理解するために、手ごわい著者たちと格闘することをいとわない読者を助けることにあったからである。私自身の省察が、自分にとってどれほど大切であっても、私が議論してきた著作が深遠であったような仕方で深い宗教哲学であるとはさしあたり思いこんでいないことも、もう一つの理由である。しかし、ここまで私をガイドとして安心して受け入れ、十分にそれに我慢してきてくれた読者は、きっと少なくとも「でも、あなたはどこに立っているのですか」という問いにたいして簡潔な答えを受けとるべきだろう。

まさに序論で述べたように、最近、古い友人と交わした会話のなかで、私はその時の自分の宗教的立場を「『共通の信条』におけるジョン・デューイとマルティン・ブーバーのあいだにあるどこか」と表現した。

さて、それによって私がなにを意味しているかを説明しよう。

『共通の信条』において、デューイはわれわれの宗教的経験とそれが引き起こす行為がしばしば偉大な価値をもつことを認めている。宗教的経験と行為がまた否定的な側面をもつことも、たとえば、彼が若いころ経験した苦悶の罪責感情との格闘（彼の伝記作家はそれをデューイの母が会員であった極端な意見をもったカルヴァン主義から生じたものとみなす）、そして彼の生涯において社会的プロテストの時代にもっぱら組織的宗教が権力者の側についたという事実に失望したことから考えても、彼は十分にわかっていた。たしかに組織的宗教はかつてデューイが好意を示すにいたったものではない。しかし、その小著のなかで、デューイは神をわれわれの最高の理想を具象化した人間の投影とみなしている。

こうして私が理解するのは、デューイが語っているのは神が有しているような現実性はある理想の現実性だということである。ある人々はこのような現実性は単に主観的なものだと感じていることがわかる。しかし、デューイは理想と価値は合理的議論や客観的妥当性の領域の外側にあるものという意味において「主観的」だと信じたのではない。たしかにわれわれの価値と理想は諸々の主体、人間諸個人そして諸共同体の価値であるという意味において主観的である。とはいえ、どの価値と理想がわれわれを成長させ、豊かにすることができるかは、単なる「主観的意見」の事柄ではない。それは、それをめぐって人が正しくもあれば誤りもするものである。

おそらくある人はまた次のように言うだろう。客観的な正しさは再評価可能であり改定可能であるというデューイのプラグマティズム的な意味において、たとえ理想や価値が客観的に正しいとしても、理想の現実性は依然としておぼろげなものであり、「主知的な」ものである。しかし、それが当てはまらず、少なくとも活ける理念にはふさわしくないことを認めるのに考える時間はほとんど必要ない。どれほど平等や正義のような理想が偉大な勇気とやる気をもった行為を奮い立たせてきたか考えてみよう。もしこういった理想が、悲しいほど現実化されるにはほど遠い状況であっても、ときどき圧倒的な仕方で幾人かの個人にとって「現実的」でなかったならば、今日は実際よりもはるかに不寛容な世界となっていよう。

デューイと同じように、私は来世を信じていないし、あるいはわれわれを災いから救済するために歴史や私の人生の経過に介入してくる超自然的な助け手としての神も信じていない。その意味において私は「奇跡」を信じていない。しかし、精神性――私の場合、それは祈ること、瞑想すること、ユダヤ民族が二〇〇〇年以上のあいだ伝えてきた理想、儀式、古代のテクストとのふれあいのなかに自分をゆだねること、そしてそのすべてに伴っている経験を積むことを意味する――は、奇跡的であると同時に自然的であり、ブーバーが「我―汝」関係と呼ぶことにおいて他者との接触は奇跡的で自然的なのであって、それは自然美や芸術との接触が奇跡的で自然的でありうるのとちょうど同じなのである。

しかし、神は〈平等〉や〈正義〉と同じ種類の理想ではない。伝統的な信仰者は――たとえ私が来世、あるいは超自然的なものへの信仰を共有しないとしても、この点は私が伝統的な信仰者と一緒に共有するものだが――、神を至高なる知恵、寛大さ、まさに人格として思い描く。多くの知識人たちは、文字どおりに受け取られることを（マイモニデスがすでに恐れていたように）ためらうがゆえに、「神人同型論」のようなものを恐れたけれども、それは「文字どおりに受け取られる」必要はないが、「まったき他者」である神は言うまでもなく、依然として非人格的な神に関するどんな形而上学的概念よりもはるかに価値があると、私は感じている。それゆえ、ブーバーが神との「我―汝」関係について話すとき、私は彼が語っていることをもちろん私自身の仕方で理解するのだ。（また、もし私が神の「本質」について誤解しているとしても、結局のところ、それはブーバが正しいならばそれほど大切なことではない。なぜなら「神の本質」について思考することは三人称的思考だからであり、それはまさにブーバーが私たちに放棄させようとしていることだからである）。

これまでの章において、われわれが研究してきたそれぞれの偉大なユダヤ人思想家たちが私に語るべきなにかをもっているがために、彼らの思考のうちにあるもっとも魅力的だと思われるものを私は明らかにしようとしてきた。そこで、二十世紀を生きてきたという単なる事実は別として、彼らに共通していることを述べてみたい。というのも、伝統的に彼らの「形而上学」と呼ばれるもののうちには違いがあるにもかかわらず、私には彼らが多くのことを共有しているように見えるからである。

とはいえ、重要なのでまずその違いを確認しよう。

(1) ローゼンツヴァイクについて言えば、少なくとも一つの「存在論的」テーゼが執拗にくり返されている。すなわち、〈神〉、〈人間〉、〈世界〉の完全なる特殊性（*distinctness*）である。他の二つから区別された神の特殊性がとりわけ意味しているのは、〈神〉をなんらかの方法で人間の構築物とするあらゆる神学は「無神論的神学[1]」だということである。（ローゼンツヴァイクの目から見れば、私は「無神論的神学者」に数えられただろうことを認めなければならない）。意外なことに、ローゼンツヴァイクは〈人間〉と〈世界〉を、〈人間〉と〈神〉と同じくらい特殊なものと考えている。（共通感覚はさておき）伝統的な哲学と神学は、人間を世界の一部とみなしている。たしかに人間には他の動物がもっていない特別な資質があるが——伝統的な諸宗教において、人間は不死の魂をもっていると考えられている——、しかし人間は『救済の星』の第一部で議論されているようなことに関しても、世界と（ユダヤ教的にもキリスト教的にも伝統的な思考に照らして見て）まったく異なっているというわけではない。さらにローゼンツヴァイクにとって重要な不死性は個人の不死性ではなく、ユダヤ民族の不死性であろう。〈人間〉と〈世界〉が完全に異なっていると主

（1）「無神論的神学」（"Atheistic Theology"）とは次の著作におさめられたエッセイのタイトルの一つである。Franz Rosenzweig, *Philosophical and Theological Writings*, translated and edited with Notes and Commentary by Paul W. Franks and Michael Morgan (Indianapolis, Ind.: Hackett, 2000), 10-24.

張することは、〈世界〉は人間の構築物であるとする観念論的見解を拒絶するローゼンツヴァイクの方法であり、同じように〈神〉と〈世界〉が完全に異なっていると主張することは、ローゼンツヴァイクが初期のブーバーのうちにみる観念、すなわち〈神〉は人間の構築物であるという観念を拒絶する方法である。

(2) 第三章で見たように、マルティン・ブーバーがわれわれに語っているのは三人称で神について理論的に分析することではなく、神に語りかけることである。私はこのようなブーバーの思想の側面に深く共感する。まずはローゼンツヴァイクの注意をひきつける〈神〉、〈人間〉、〈世界〉の「非同一性」の問いは、ブーバーにはそのような形式で生じないことをとにかく述べてみたい。私が「世界」を事物の集合体として考えるとき、もちろん、私は単なる(変容不可能な)「それの世界」としての世界に関わっており、これは私が神あるいは他の人間とともに参入するどんな「我―汝」関係ともまったく異なっている。その意味において、神は世界とはまったく違うし、他の人間は世界とはまったく異なっている。しかし、世界は『我と汝』においては「我―それ」関係の主題に限られない。すなわち、われわれが自然の諸部分(木、ブーバーの猫)や特別な芸術作品を含む、世界における多くの事柄とともにときとして参入していく「我―汝」関係も存在する。だから神の唯一性はここでは絶対的な深淵ではない。またもしある人が神との「我―汝」関係を経験できるほど幸福であるならば、そのなかで「ふたたびはじめられた」他のあらゆる(積極的な)「我―汝」関係をも見つけられるだろう、とブーバーは語る。その点で神はどんな人間の人格とも異なっている。しかし、この場合もまた、ここには存在論的深淵の問いはまったく存在しない。なぜならブーバーが存在論を展開することはないからである。彼は存在論的思弁から身を引くようわれわれに警告しているのであり、この思弁はただ本来の宗教的出会いから逸脱させようとする罠なのである。

(3) レヴィナスに関して言えば、われわれが神について知っていることすべてが、彼がわれわれに求めていること、すなわち他者に完全に惜しみなく手を差し伸べようとすることである。しかし、それはレヴィナスの哲学が単に倫理学から成っているということではない。このことは二つの点で明らかになる。第一に、第四章で述べたように、レヴィナスによれば私と他者の出会いは亀裂との出会い、私の範疇を破る存在との出会いである。第二に、ブーバーの「我—汝」関係のような仕方で神と出会うことはないけれども、私はレヴィナスが信じる他者との（深遠なほど非対称的な）関係が私に求められていることを引き受けるとき、まさに「無限なものの栄光」と出会うのである。こういったレヴィナス哲学の二つの側面のうちに、われわれはレヴィナスが一人の哲学者として考慮する超自然的なもの——あるいは、もっとふさわしい言い方をすれば、超存在論的なもの——の唯一のバージョンを手にする。すなわち、超存在論的なものはとにかく人間の思考の可能性の外部にあるものである。なぜなら、それはわれわれがその内部で思考しなければならない範疇の外部にあるからである。とはいえ、まったく他の人間について思考できないというわけではなく——明らかに思考できる——、私は「他性」、他者の根本的な他者性を認めるが、それをうまく把握することはできないのである。同様に、私は別の人間に手を差し伸べるべきだと考えることができるし、これは神が私に望んでいることだと（私が宗教的であれば）信じるかもしれない。しかし、私はこれが神によって命令された行為であるという事実は認めても、それをうまく把握することはできない。私の範疇を侵害するものは束の間のうちに神秘的に――他者の顔の「痕跡」として、無限なものの「栄光」としてのみ感知されうる。存在論という意味における「哲学」は無限なものあるいはまったき他者の他性における他者を表現することを任務とはしていないがゆえに、倫理学が第一哲学である。そして、人間の思考作用がその任務を果たさないがゆえに、哲学もその任務を果たさないのである。

この点でレヴィナスとローゼンツヴァイクを比較するならば、ローゼンツヴァイクがくり返した〈人間〉、〈神〉、〈世界〉の「非同一性」という主張でさえレヴィナスにとっては不可能であると言えるかもしれない。すなわち、まさにレヴィナスの後期の著作のタイトルである『存在するとは別の仕方で、あるいは存在することの彼方へ』は、「同一性」や「非同一性」のような概念が神との関係においてけっして意味をもたないことを強調している。そして、レヴィナスはブーバーによる「我―汝」関係の概念も批判する。他者と関係をもつことについてレヴィナスがわれわれに望んでいる「我―汝」関係は、非対称的な関係である。(2)

彼らを考察しようとする一つの道筋において、こういった違いは非常に大きいものである。〈人間〉、〈神〉、〈世界〉の絶対的非同一性のテーゼを強調する形而上学、「三人称」であるかのように神について理論的に分析する可能性を否定する宗教哲学、そして神と他者の両方が「存在するとは別の仕方で」あると主張する宗教哲学——アカデミズムの哲学者の思考様式では、これらはまったく異なっている。しかし、アカデミズムの哲学者の思考様式は重要な点を見過ごしている。

こうした哲学者たちのあいだの違いには決定的な重要性がないと考えることにして、ローゼンツヴァイクが「新しい思考[3]」と題されたエッセイのなかで『救済の星』についてわれわれに語っていたことを思い出してみよう。私は第二章でこのエッセイからすでに引用している。もう一度その二つの引用を考えてみよう。最初の引用は、

「〔『救済の星』の第一部において〕語られていることは、古い哲学を背理にいたるまで突き詰めると同時に、古い哲学を救済すること以外のなにものでもない」(114–115)〔前掲「新しい思考」、一八二頁〕。

——もう一つの引用は、

(2) 私はここではブーバーの側に立つ。他者にたいする「まったき責任」は、正当な資格があって要求しうるものの範囲を越えているように私には見える。もちろん、熱狂的なレヴィナス主義者は、私がここで「怖気づいていること」を非難するだろう。

(3) "The New Thinking" は次の本におさめられている。Franz Rosenzweig, *Philosophical and Theological Writings*, 109–139.

経験は、どれほど深く食い入ろうとも、人間のなかには人間的なものだけを、世界のなかには世界性だけを、神のなかには神性だけを発見する。そして、神のなかにのみ神性を、世界のなかにのみ世界性を、また人間のなかにのみ人間的なものを発見する。*Finis Philosophiae?*[4] もし哲学が終焉を迎えるならば、哲学にとってますます困ったことであろう！ しかし、私はそれが大変悪い結果を招くとは思わない。むしろ、哲学が確実にその思考とともに終わりを迎えるこの点で、経験する哲学ははじまることができる。いずれにせよ、これが拙著の第一巻［すなわち、『救済の星』の第一部］の要点である（116–117）〔同書、一八三頁〕。

「〈人間〉、〈神〉、〈世界〉の絶対的非同一性のテーゼを強調する形而上学」と私が呼んだものは『救済の星』の哲学のそれほど重要ではない部分に属しており、その部分は、われわれが必要としているのは「経験する哲学」であるということを理解させる地点にわれわれを連れて行く箇所であることがわかる。そして、「経験する哲学」とは「新しい思考」、つまりもっとも大切な哲学的活動が人間的な対話者の活きた諸問題に関わる活動であり、講義ではなく、純粋な対話によって続けられる活動だという理念の別の表現である。結局、「新しい思考」とは「我―汝」の出会いの内部で生じると考えられている哲学である。また同様に、われわれのあらゆる範疇を破るものとしてのレヴィナスの神の観念は、フッサール的あるいはハイデガー的といったどちらかの種類の現象学の内部で神を「説明」しようとする試みにたいする警告である。

三人の思想家のいずれもが「否定神学者」であるという意味と、マイモニデスが否定神学者であったという意味を対照させることには価値があると思う。マイモニデスにとって、哲学的宗教だけがどのみち純粋な宗教であった。非哲学的な大衆の宗教はもちろんなにもないよりはましであるが、必要とされた宗教からはほど遠いものだった。また真に必要なものは、マイモニデスによれば、「思弁的」(5)理性、訓練を積んだ形而上学的な哲学者の推論を通してのみ可能な神への道である（数学と自然学と天文学をマスターすることがマイモニデスによって考えられていた！）。純粋な理性を通じてこの種の哲学者が理解するに至ると考えられていたのは次のようなものである。神は存在しなければならない、神は「単一」でなければならない（そうでなければ、神は絶対的な統一ではなく、それゆえ完全ではないだろう）、単一性は属性の多元性をもつことと両立しない、ということであり、そして、最終的に神は他のあらゆるものがそうであるのと同じ「存在する」という意味において存在するという概念は拒絶されねばならない、ということである。この点で哲学者は、神

(4) ラテン語。「哲学の終焉？」

(5) 「思弁的」理性とは、その古代的な意味において、形而上学的真理を把握した（見た）理性であった。「そのような事実があったかもしれないことについて推論することに従事する」ことを意味する「推測する」(speculate) という動詞の現在の使用方法の登場は、論証できる真の確実性があるという形而上学の主張にたいするポスト啓蒙的な不信感を反映している。

は真に把握することはできないということを進んで把握しようとする！　マイモニデスのような「否定神学」はローゼンツヴァイクの意味での「経験する哲学」への道ではなく、いわば訓練を積んだ形而上学者だけが理解することができ、そしてその理解が文字通り救済をもたらすような救済論的アンチノミーへの道であった。

このような中世的な意味において否定神学は、それゆえ無限に議論することが可能なものである。しかし、これはローゼンツヴァイク、ブーバー、あるいはレヴィナスがとにかくわれわれに示そうとしているものではない。われわれは哲学するとき、神や神に関する言説についてさまざまな異なる観念をもっているかもしれない。とはいえ、そのように哲学することは、神の現実性を経験したり、「無限のものの栄光」を経験したりすることではなく、また（マイモニデスが考えたように）真の宗教的経験にとって必要な予備知識なのでもない。そして、これこそ（わが三と四分の一人のユダヤ人哲学者のうちの四分の一を最後になって導入するならば）ウィトゲンシュタインがきっと同意してくれるなにかである。

第一章で私はピエール・アドの「生き方としての哲学」という概念を述べた。私の三と四分の一人のユダヤ人哲学者にとって、哲学はたしかに生き方であった――しかし、それは哲学がページを離れて、「経験的」になるときだけである。そして、これこそがユダヤ人哲学者たちが哲学にたいして示そうとしたことなのである。

訳者あとがき

本書は Hilary Putnam, *Jewish Philosophy as a Guide to Life : Rosenzweig, Buber, Levinas, Wittgenstein*, Bloomington : Indiana University Press, 2008 の全訳である。

著者のヒラリー・パトナムに関して多くの説明はいらないだろう。法政大学出版局からもすでに数点の訳書が出版されており、その訳者たちによって彼の経歴や思想についてはは十分ふれられている。またパトナムは現代アメリカを代表する分析哲学者の一人として紹介されるが、同時に「複数のパトナム」がいると言われ、みずからの立場を自己批判的に越えてゆく彼の姿に言及されることがある。訳者は英米の思想状況やパトナムの哲学に精通しているわけではなく、フランツ・ローゼンツヴァイクを中心とした二十世紀のユダヤ人思想家に関心をもつ者である。したがって、パトナムの思想変遷と本書の関係はそれを論ずるにふさわしい方々にゆだねることにし、ここでは本書を翻訳する過程で気になった点について少し述べてみたい。

「生き方」という言葉を突きつけられ、口ごもらない人がどれほどいるのだろうか。「他者」という言葉からあなたが思い浮かべるのは、愛すべき他者の顔か、憎むべき他者の顔か、それとも見ることが許されない「神」の顔か。「生き方」も「他者」も、そして「神」も本書の重要なキーワードである。パトナムはローゼンツヴァイク、ブーバー、レヴィナスという三人のユダヤ人哲学者、そしてそこに彼が四分の一人として数えるウィトゲンシュタインを加え、三と四分の一人のユダヤ人哲学者とともに、「人生の導きとしてのユダヤ哲学」を論じている。

パトナムは緒言で本書の一部が「生き方としてのユダヤ哲学」という講義に由来していると書いているが、さらに彼はピエール・アドの『生き方としての哲学』の一節を引用し、哲学の理念とは「世界の内に実存する仕方」であり、それは「それぞれの瞬間に実践されなければならず」、しかもその目的は「個人の生活の全体を変容させること」だと言っている。「生き方」を問い、「生き方」を変容させるのが哲学の任務だという古代の理念がアド、そしてパトナムを通じてあらためて提示されたことは、まず真剣に受け止められねばならないだろう。

生（生き方、人生）の変容の問題はブーバーを扱った章でも議論されている。パトナムによれば、ブーバーの有名な「我—汝」関係は誤解されている。すなわち、「我—汝」関係それ自体が達成すべき目的として受け取られる傾向があるが、それは間違っているという。神的なものの経験も含め

＊　＊　＊

た「我―汝」関係の目的とは、世界――ブーバーの言葉を借りれば「それの世界」――のなかで生を変容させることであり、個人的生活の変容はいずれ社会的生活の変容にまでつながるのである。哲学の理念とは「世界の内に実存する仕方」だと述べられていたが、それは世界や他者との出会い方あるいは「日々の要求」（ゲーテ）への応答と解することができ、そうであれば、その出会い方や応答一つで生は多様に変容する。まさにそこに「生き方」の困難さがあるのではないだろうか。

実はパトナム自身の「生き方」――そして、その変容？――が、率直に述べられているのが本書の序論である。実践的なユダヤ人としてのパトナムの立場、家族とユダヤ教の関わり、変化させる力としての祈りなど、序論は興味深い叙述にあふれている。とくにみずからの生における哲学と宗教の緊張を安易に和解させることなく、「宗教的人間」でありながら「自然主義的哲学者」であることと格闘し続けているパトナムが、三人のユダヤ人哲学者（ローゼンツヴァイク、ブーバー、レヴィナス）が彼にとってどれほど助けになったかを「一般読者」に示そうとしている姿に、訳者は彼の知的誠実さを感じずにはいられない。

本書は二つの章のタイトルにローゼンツヴァイクの名前が出てくる。訳者はローゼンツヴァイクを集中的に研究したことがあるが、パトナムから多くの論点とその意義を――当たり前であるが――学ぶことができた。たとえば、パトナムは次のようなローゼンツヴァイクの本質批判――パトナムによれば、この点でウィトゲンシュタインもローゼンツヴァイクと同じ流れのなかにある――を引用している。

あらゆる哲学は「本質」を問うた。あらゆる哲学はこの問いによって、健康な人間悟性の非哲学的な思考からみずからを区別する。というのも、後者は事物が「本来的に」[eigentlich]なんであるかを問わないからである。健康な人間悟性の非哲学的な思考はイスがイスであるのを知ることで満足する。この思考はイスが本来[eigentlich]まったく別のなにかであるかどうかなどとは問わない。哲学は本質について問うとき、まさにこれを問う。世界は世界であってはけっしてならないし、神は神であってはけっしてならないし、人間は人間であってはけっしてならず、むしろすべてのものは「本来的に」まったく異なるなにかであらねばならない。もしすべてのものがほかのなにかではなく、現実的にすべてのものが存在するだけであるならば、最終的に哲学は——とんでもない、そんな馬鹿な！——余計なものになるだろう。少なくとも、絶対的に「まったく異なる」なにかを探し出そうとするかもしれない哲学は。（本書六四頁）

Finis Philosophiae ?——あらゆる事物のあらゆる本質を問うてきた哲学の終焉を目の当たりにしても、ローゼンツヴァイクが嘆くことはない。むしろ、そこから「経験する哲学」がはじまることを彼は言祝ぐのである。このローゼンツヴァイクの本質批判は、ユダヤ哲学の歴史においても重要な意味をもっている。すなわち、一九〇〇年にプロテスタント神学者アドルフ・ハルナックによって口火を切られた〈本質〉論争——キリスト教の本質とはなにか——との関連においてである。

ハルナックの議論にたいして批判的な応答をしたのが『ユダヤ教の本質』（一九〇五年）の著者レオ・ベックであった。ほかにもプロテスタント神学者エルンスト・トレルチも巻き込みながら、ユダヤ教とはなにか、キリスト教とはなにか、そしてそもそも〈本質〉とはなにかを問うことになった二十世紀初頭のドイツでは、宗教と近代性の複雑な関係が議論されていたのである。あらためて本質への問いが提起されたということ自体が、多元的社会におけるアイデンティティの危機を意味しており、この状況は神学、哲学、歴史学などにたいしても本質を規定するための学問的方法論の練り直しを要求したのである。

　ローゼンツヴァイクは、ベックの『ユダヤ教の本質』の第二版（一九二二年）とマックス・ブロートの作品『異教、キリスト教、ユダヤ教』（一九二一年）の両方を扱った「弁証論的思考」（一九二三年）という書評のなかでこう書いている。「ベックによって認識されたユダヤ教の本質は、ユダヤ教の本質（Wesen des *Judentums*）というよりもユダヤ教の本質（*Wesen* des Judentums）である」（Franz Rosenzweig, “Apologetisches Denken. Bemerkungen zu Brod und Baeck,” in *Der Mensch und sein Werk: Gesammelte Schriften III: Zweistromland: Kleinere Schriften zu Glauben und Denken*, Dordrecht: Martinus Nijhoff, 1984, 685）。あるいは『救済の星』が出版される以前、一九一九年になされた講演において、ローゼンツヴァイクはハルナックとベックの論争を意識してであろうか、「目標はユダヤ教の「本質」（“Wesen” des Judentums）ではなく、ユダヤ教全体、本質ではまったくなく、むしろ生（Leben）である」（Franz Rosenzweig, “Das Wesen des Judentums,” in *Der Mensch *und sein Werk: Gesammelte Schriften III*, 526）と語っている。

本書ではこのようなローゼンツヴァイクによる本質批判が、「バターの本質」をめぐる滑稽な哲学会議によって描写されているが、この問題はさらに「名前」の問題と結びつけられながら「結婚に先立つ求愛」としても説明されている。パトナムが引用するローゼンツヴァイクの文章を読んでみよう。

> 時間は経過しなければならないがために、尋ねられた人とは別の人間によって答えが与えられることは不可避であり、またみずから問いを発したときとは変わってしまった人にたいして答えが与えられる。……全生涯が問いと応答に関係している。両者に関わる変化が不可避的に生じるということを、恋人たちはあえて否定しないし、ロミオとジュリエットでさえ否定しないだろう。それにもかかわらず、彼らはためらわない。実際に結婚を申し込む男性とそれに応える女性はこのような変化について考えない。彼らは変化しないものにすがりつく。変化しないものとはなにか。まったく偏見にとらわれずに省察すれば、それはまたもや名前でしかないことが明らかになる。（本書三九頁）

生の流れのなかにいる恋人たちはつねに変化し、「問いと応答」のなかで相互の変化を経験し、最終的になにかを受け入れる。その求愛の過程において恋人たちは相手が「本来」なんであるかなどと問うはずがない。しかし、彼らのあいだにも変わらないものがあるという。それは「名前」である。ローゼンツヴァイクは、「名前は「本質」ではない」（フランツ・ローゼンツヴァイク『健康な悟性と病的な悟性』村岡晋一訳、作品社、二〇一一年、三二頁）とも書いている。『創世記』におけるアダムの名づけの行為やヴァルター・ベンヤミンの言語哲学との関連を想起させるローゼンツヴァイクの「名前」の思想は、彼の「生き方」の転換点においても重要な役割を果たしていた。師フリードリヒ・マイネッケへの手紙のなかにはこうある。

> 私が明確にしたい一つの事柄は、学問はもはや私の関心の中心をつかんでいないこと、私の生は私が気づいている「暗い衝動」の支配を受け入れたこと、そしてその暗い衝動を私は「わがユダヤ教」と単純に呼ぶことで名づけていることです。（本書五二頁）

ローゼンツヴァイクは、みずからを突き動かす「暗い衝動」に「わがユダヤ教」と名づけたという。「わがユダヤ教」は彼の本質ではなく、むしろ流動する生そのものであり、だからこそ「暗い衝動」は本質として無時間的に規定されるものではない。それは、ただひたすら「わがユダヤ教」と名づけることができるだけである。

　レヴィナスを論じた章は、本書のなかで一番長い部分である。ここでもレヴィナスとローゼンツヴァイクに関する言及が見られるが、同時にレヴィナスの思想の解釈とその批判も述べられている。

ブーバーのような他者との相互的な関係ではなく、非対称的な関係を強調したレヴィナスの倫理学は、「一面的な生」を送ることになるのではないかとパトナムによって危惧されている。たとえば、レヴィナスはブーバーを「「本当の生」を誤解した者」と見るにちがいないとしながら、パトナムは「倫理的生活は複数の必要条件をもっている」と書いている。この箇所から訳者は、パトナムがユルゲン・ハーバマスから「私の好みを越えて、あるいは、あれこれの生活世界の好みを越えて、生活世界自体がいかにあるべきかを表すという意味で、正しいことを表している、と私が信じる価値（彼の意味における「規範」〔義務についての普遍的に妥当な言明――訳者による補足〕ではないところの、価値）の例を挙げることができるか」と質問され、次のように答えたという話を思い出した。「人間の幸福について多様な（道徳的に許容しうる）考え方が存在する世界は、他の事情が同じだとすれば、誰もがただ一つの考え方に賛同する社会よりも善いと信じる」（ヒラリー・パトナム『事実／価値二分法の崩壊』藤田晋吾／中村正利訳、法政大学出版局、二〇〇六年、一四一頁）。

　パトナムはアイザイア・バーリンの有名な（一つの大きなことを知っている）「ハリネズミ」と（多くの小さなことを知っている）「キツネ」の話を引き合いに出し、倫理的生活においては知っておくべき多くの「大きなこと」があると言い、われわれが必要としているのは「多くのハリネズミ」だという点も、「生き方」、とくに無限に価値が分裂していく現代社会における「生き方」の問題と深く関わっているのではないか。「生き方」とは現実を生き続けること、そしてそれを生き抜くことの謂いであるとすれば、倫理と経験が出会うところには「多くのハリネズミ」が生息しているはずである。そしてそれぞれのハリネズミの理想が悲しいほど非現実的であっても、それが「ときどき圧倒的な仕方で幾人かの個人にとって「現実的」でなかったならば、今日は実際よりもはるかに不寛容な世界となっていよう」（本書一六九頁）というパトナムの言葉に、訳者は深く共感する。

本書のタイトルには「ユダヤ哲学」という言葉がつけられている。訳者はここ数年、「ユダヤ哲学」の意味について思いをめぐらしてきたが、いまだに明確な答えをもち合せていない。ユダヤ哲学研究の権威ユリウス・グットマンによれば、「ユダヤ民族は、やむにやまれぬ欲求にかられて哲学し始めたのではない。彼らは外部の数々の源泉から哲学を受容したのであり、ユダヤ哲学とは異邦の思想の漸次的吸収の歴史である」（ユリウス・グットマン『ユダヤ哲学——聖書時代からフランツ・ローゼンツヴァイクへ』合田正人訳、みすず書房、二〇〇〇年、三頁）。本書にはとくに「ユダヤ哲学」の定義は出てこない。しかし、これも序論における「私の生における哲学と宗教の緊張」がこの問題の方向性を示唆しているのではないか。ウィトゲンシュタインの「私は宗教的人間ではありません。でも、私はあらゆる問題を宗教的観点から見ざるをえないのです」という言葉を引用しつつも、さらにその先に向かおうとするパトナムの「生き方」はやはり「ユダヤ哲学」の歴史において忘れられない事例の一つになるだろう。

＊　＊　＊

「訳者あとがき」を終えるにあたり、二人のお名前をあげないわけにはいかない。まず合田正人先生である。二〇〇九年の夏に私はミュンヘンでの一年の研究滞在を終え帰国した。早速、何人かの先生に帰国報告をしたさい、合田先生からの御返事のメールにパトナムの翻訳の仕事——そのときは共訳というお話であった——について書かれてあった。もちろん、私は「是非」という気持ちとともにお引き受けした。しかし、小著とはいえ作業は遅々として進まず、私の生活環境にも大きな変化が生じ——そして、それは今も続いている——、完成はどんどん先延ばしされてしまった。申し訳ないという気持ちでいっぱいであったが、時間だけが空しく過ぎていった。その情けない状況を打開してくれたのが、法政大学出版局編集部の郷間雅俊さんである。郷間さんは厳しい言葉のなかでも、翻訳の方針や今後の予定、そして訳文の問題点について大変丁寧に教えてくださった。その意味では、合田先生と郷間さんは私の〈導き〉だったと言えるかもしれない。お二人にはこの場を借りて、深くお礼を申し上げたい。もちろん、翻訳の責任はすべて訳者にある。読者諸氏の忌憚のないご意見、ご批判を心よりお願い申し上げる次第である。

最後になったが本書をきっかけにして、一人でも多くの方がユダヤ哲学や倫理、そして現実の「生き方」の問題へと導かれていくことを祈るばかりである。

二〇一三年七月二十九日

佐藤貴史

《叢書・ウニベルシタス　997》
導きとしてのユダヤ哲学
ローゼンツヴァイク，ブーバー，レヴィナス，
ウィトゲンシュタイン

2013年9月10日　初版第1刷発行

ヒラリー・パトナム
佐藤貴史 訳
発行所　財団法人　法政大学出版局
〒102-0071 東京都千代田区富士見 2-17-1
電話 03(5214)5540 振替 00160-6-95814
組版：HUP　印刷：三和印刷　製本：積信堂

Printed in Japan

ISBN978-4-588-00997-6

著　者

ヒラリー・パトナム（Hilary Putnam）
1926年シカゴに生まれる．48年ペンシルベニア大学哲学部卒業．51年カリフォルニア大学（UCLA）で哲学博士号（Ph. D.）を取得．その後，ノースウェスタン，プリンストン，MITなどの大学で教鞭をとり，65年以降はハーバード大学哲学部教授を務め，同大学名誉教授．現代アメリカを代表する哲学者で，論理実証主義の批判的検討をはじめ，数理論理学・科学哲学・言語哲学・心身問題，さらには倫理や歴史の哲学など多方面のテーマについて，斬新なアイデアを提起し，世界の哲学界をリードしてきた．今日「科学について最も良い全体的見通しをもつ哲学者」（シュテークミュラー）と評されている．本書のほかに，『論理学の哲学』『理性・真理・歴史』『心・身体・世界』『事実／価値二分法の崩壊』『存在論抜きの倫理』（以上，法政大学出版局），『実在論と理性』（勁草書房）などが邦訳されている．

訳　者

佐藤貴史（さとう・たかし）
1976年生まれ．2006年3月，聖学院大学大学院アメリカ・ヨーロッパ文化学研究科博士後期課程修了．博士（学術）．思想史・宗教学専攻．聖学院大学総合研究所特任研究員をへて，現在北海学園大学人文学部英米文化学科准教授．著書に『フランツ・ローゼンツヴァイク――〈新しい思考〉の誕生』（知泉書館），論文に「内なる衝動と外から到来する声――フランツ・ローゼンツヴァイクにおける二つの超越」（『理想』678号），「現実性と真理――フランツ・ローゼンツヴァイクの経験論」（『宗教研究』358号），「ユダヤ・ルネサンスの行方，ローゼンツヴァイクの挫折」（『思想』1045号），共訳書にバルト『十九世紀のプロテスタント神学 下（第二部 歴史）』（新教出版社），クリストファーセン／シュルゼ『アーレントとティリッヒ』（法政大学出版局）ほか．